킹덤 인사이트

킹덤 인사이트

초판 1쇄 발행 2025년 12월 5일

지은이 염보연

펴낸곳 킹덤컬쳐 | 출판등록 2025.11.12 제 2025-000216 호

주소 경기도 용인시 수지구 용구대로 2790번길 7, 302-S67호

홈페이지 www.kingdomculture.co.kr

이메일 kingculc@gmail.com

ISBN 979-11-996075-9-0 03230

Copyright©킹덤컬쳐 2025
이 책은 저작권법에 따라 보호를 받는 저작물이므로 무단 전제와 복제를 금합니다. 이 책의 판권은 저자에게 있으며, 이 책의 내용의 전부 또는 일부를 이용하려면 반드시 저작권자와 킹덤컬쳐의 서면동의를 받아야 합니다.
*파본은 구입처나 본사에게 교환해드립니다.

# KINGDOM
## 킹덤인사이트
# INSIGHT

무너진 시대를 분별하는
창조주의 시선을 회복하라!

킹덤컬쳐크리에이터 염보연 지음

## 들어가는 글

혹시 요즘 세상을 바라보면서 '참 답답하다', 혹은 '어딘가 근본적으로 잘못되어가고 있다'는 생각, 해보신 적 없으신가요?

단순히 기분이 꿀꿀한 정도의 가벼운 답답함이 아닙니다. 매일 쏟아지는 뉴스를 보면 상식을 벗어난 정치인들의 모략과 술수에 깊은 한숨이 나오고, 학교에서 우리 아이들이 하나님의 창조 질서와 정반대되는 이념(동성애를 정상으로 가르치고, 남녀 외에 수십 가지 성별이 있다고 주장하는 젠더 이데올로기 등)을 배우고 있다는 소식에 가슴이 철렁 내려앉습니다. 대중문화는 점점 더 선정적이고 폭력적으로 변해가며 우리의 가치관을 오염시키고, 거대 자본과 탐욕스러운 경제 논리 앞에서 진리와 정의는 너무나 쉽게 무너지는 듯 보입니다.

어쩌면 이런 혼란 속에서, 크리스천으로서 어떤 목소

## 들어가는 글

리를 내야 할지 몰라 답답함을 넘어 무력감을 느끼시는 분들도 많을 겁니다. 세상은 거대한 쓰나미처럼 밀려오는데, 나는 그저 부서지기 쉬운 작은 조각배처럼 방향 없이 떠밀려가는 느낌 말입니다. "내가 뭘 할 수 있겠어?"라는 자조 섞인 목소리가 마음 깊은 곳에서 들려오기도 합니다.

그런데 더 답답하고 가슴 아픈 것은, 수많은 크리스천이 이 혼란의 한복판에서 '신앙인으로서' 이 현상을 어떻게 바라보고 어떻게 반응해야 할지 명확한 기준을 갖지 못하고 있다는 사실입니다. 마치 전쟁터 한가운데서 아군과 적군을 구분하지 못하고 우왕좌왕하는 병사처럼 말입니다.

왜 그렇게 되었을까요? 왜 하나님의 백성이라는 우리가 세상의 빛과 소금 역할을 감당하지 못하고 오히려 세

**들어가는 글**

상의 조류에 휩쓸려가고 있는 것일까요?

저는 그 근본적인 이유가, 언제부터인가 우리의 신앙이 '교회 건물 안'에만, 혹은 '주일'이라는 시간에만 갇혀 버렸기 때문이라고 생각합니다. 주일에는 은혜받고 거룩한 성도이지만, 월요일부터 토요일까지의 치열한 삶의 현장에서는 세상의 방식과 논리를 그대로 따르며 살아가는 '이분법적 신앙'이 너무나 익숙하고 당연하게 여겨진 것이죠.

솔직히 말해볼까요? 많은 경우, 그편이 '편하기' 때문입니다. 신앙을 내 마음의 위로와 평안, 개인적인 경건 생활(큐티, 기도), 교회 봉사라는 '종교적 영역' 안에 안전하게 구획 지어 놓으면, 골치 아프고 논쟁적인 세상 문제(정치, 사회, 문화)와 직접 부딪칠 필요가 없거든요. 교회 안에서 뜨겁게 찬양하고 간절히 기도하는 것으로 '성도로서의

**들어가는 글**

의무'를 다했다고 스스로 위안을 삼으며, 세상 속에서의 책임은 외면하는 것입니다.

이것이 구체적으로 어떤 모습으로 나타날까요? 주일에는 "주여, 이 나라를 고쳐주소서! 정의가 강물처럼 흐르게 하소서!"라고 뜨겁게 기도하지만, 정작 월요일 직장에서는 상사의 부당한 지시에 침묵하거나, 탈세를 당연하게 여기는 업계의 관행에 순응하며 '어쩔 수 없다', '먹고 살려면…'이라고 타협합니다.

교회 모임에서는 거룩한 언어를 사용하며 교제하지만, 익명의 온라인 공간에서는 세상 사람들과 똑같이 음담패설과 험담, 가짜 뉴스를 퍼뜨리는 데 동참합니다. 자녀에게는 '하나님 잘 믿어야 한다'고 가르치면서도, 정작 진로나 학업 문제에서는 세상적인 성공과 안정만을 최우선 가치로 강요합니다. 이것이 바로 신앙과 삶이 처참하게 분

### 들어가는 글

리된 위선적인 모습 아닐까요?

하지만 이것은 결코 성경이 말하는 온전한 신앙이 아닙니다. 이것은 현실의 전쟁터를 외면하고, 자신의 영혼만 챙기려는 이기적인 영지주의적(Gnosticism) 사고방식입니다.

'영지주의'라는 말이 좀 어렵게 들리시나요? 쉽게 말하면요, 고대 교회 시절부터 교회를 괴롭혀 온 위험한 이단 사상인데, '영적인 것(영혼, 하늘, 말씀 등)은 선하고 거룩하지만, 물질적인 것(육체, 땅, 정치, 경제 등)은 악하거나 중요하지 않다'고 믿는 이원론적 세계관입니다. 이는 세상을 '선'하게 창조하신 하나님의 주권을 부정하는 심각한 오류입니다.

이 사상에 물들면, 신앙의 목표는 '이 땅을 하나님의 뜻대로 회복하는 것'이 아니라 '이 더럽고 악한 세상에서

## 들어가는 글

최대한 빨리 탈출하여 저 높은 영적인 천국으로 가는 것'이 되어버립니다. 심지어는 '세속적인' 지식이나 학문(역사, 철학, 과학, 예술 등)을 배우고 탐구하는 것조차 불필요하거나 위험하다고 여기게 됩니다. 오직 성경 말씀만 파면 된다는 식이죠. (물론 성경이 모든 진리의 최종 기준이지만, 하나님은 일반 은총을 통해 피조 세계와 인간의 학문 속에도 당신의 지혜와 진리의 조각들을 숨겨두셨습니다. 우리는 이것들을 분별하여 하나님을 알아가는 데 활용해야 합니다.)

이러한 태도는 하나님께서 인간에게 처음 주신 명령, **"생육하고 번성하여 땅에 충만하라, 땅을 정복하라, 모든 생물을 다스리라"**창1:28는 문화 명령(Cultural Mandate)을 정면으로 거부하는 것입니다. 하나님이 "보시기에 심히 좋았더라"고 선언하신 이 아름다운 세상을 '더럽고 가망 없다'고 매도하며, 사탄과 그의 거짓된 가치관에 그냥 내어

**들어가는 글**

주는 '영적 직무유기'입니다.

  결과적으로 이런 영지주의적 신앙은 크리스천들을 세상 속에서 아무런 영향력도 발휘하지 못하는 '무기력하고 무능한 존재'로 전락시킵니다. 세상의 문제에 대해 아무런 성경적 대안도 제시하지 못하고, 그저 교회 안에 모여 자기들만의 종교적 위안에 만족하거나, 아니면 세상의 가치관에 무비판적으로 동화되어 '빛과 소금'의 역할을 완전히 상실하게 만드는 것입니다. 이것이 오늘날 한국 교회가 세상으로부터 신뢰를 잃고 손가락질받는 중요한 이유 중 하나라고 저는 생각합니다.

  그래서 우리는 지금, 그 어느 때보다 하나님 나라(Kingdom of God)를 말해야 합니다. 이것은 여러 가지 신앙 '스타일'이나 '관점' 중 하나를 선택하는 문제가 아니라, 성경 전체가 일관되게 증언하는 복음의 핵심이자, 이

## 들어가는 글

모든 문제와 혼란을 해결할 '유일한 해답'이기 때문입니다. 성경은 창조(하나님 나라의 시작) — 타락(하나님 나라의 통치권 상실) — 구속(그리스도를 통한 하나님 나라의 회복 시작) — 완성(그리스도의 재림을 통한 하나님 나라의 완성)이라는 거대한 '하나님 나라 이야기'입니다.

여러분, 예수님께서 공생애를 시작하며 선포하신 첫 번째 메시지가 무엇이었나요? **"회개하라, 천국**(하나님 나라)**이 가까이 왔느니라"**마4:17였습니다. 이것이 복음의 출발점입니다.

복음의 핵심은 단지 우리가 죽어서 천국에 '가는 것'이 아니라, 하나님의 통치, 즉 그 '하나님 나라'가 지금 여기, 이 땅에 '임하는 것'입니다.

이 관점이 왜 중요할까요? 하나님이 '왕'이시라는 것은, 그분의 통치가 단순히 우리의 영혼이나 교회 안에만

### 들어가는 글

머무는 것이 아니라, 우리의 삶의 모든 영역에 미친다는 것을 의미하기 때문입니다. '킹덤 세계관'은 우리가 세상을 바라보는 '하나님의 안경'입니다. 안경을 제대로 껴야 사물이 명확하게 보이듯이, 이 렌즈를 통해야만 비로소 세상의 혼란스러운 현상들(정치, 경제, 문화, 가정 문제 등)이 질서 있게 해석되고, 그 속에서 우리가 무엇을 해야 할지가 명확하게 보입니다. 이것은 세상의 다른 세계관(인본주의, 물질주의 등)이 줄 수 없는 궁극적인 의미와 방향, 그리고 살아갈 능력을 우리에게 제공합니다.

- 가정에서 자녀를 어떻게 양육할 것인가? (이에 대한 성경의 기준은?)
- 직장에서 돈을 어떻게 벌고, 쓸 것인가? (이에 대한 성경의 기준은?)

**들어가는 글**

- 내가 내는 세금과 내가 하는 투표가 이 사회의 법과 문화를 어떻게 만들어가는가? (이에 대한 성경의 기준은?)

이 모든 질문에 대한 답이 바로 '하나님 나라'의 통치와 직결된 '신앙의 문제'라는 뜻입니다. 신앙과 삶은 결코 분리될 수 없습니다.

이 책은 바로 그 '하나님 나라의 관점', 즉 킹덤 세계관(Kingdom Worldview)으로 우리가 발 딛고 선 이 땅의 현실을 어떻게 분별하고 살아내야 하는지에 대한 '입문서'입니다.

저는 목사로서, 그리고 기독교 콘텐츠 제작자로서, 무엇보다 세 아이를 양육하는 아버지로서, 이 시대를 바라보며 느꼈던 절박함을 이 책에 담았습니다. 특히 저는 성

### 들어가는 글

경을 '기록된(카타브 כתב) 언약의 말씀'으로 믿고 따르는 보수주의적 신앙을 가지고 있으며, 성경을 기록된 문화와 언어 속에서 이해하려는 히브리적 사고를 중요하게 생각합니다. 이러한 관점에서, 성경이 말하는 '진짜 복음'이 무엇인지, 그 복음을 믿는 '성도'는 누구이며, 우리가 가정과 경제, 그리고 정치와 사회라는 삶의 전쟁터에서 어떻게 싸워야 하는지, 그 성경적인 기준을 제시해 보려 합니다.

앞으로 이 '킹덤(하나님의 나라) 세계관'을 바탕으로 성경적 정치관, 경제관, 교육관 등 더 구체적인 주제들을 다루어 나갈 계획이지만, 이 책은 그 모든 논의를 위한 가장 기본적인(기초적인) 지도이자 나침반이 될 것입니다. 이 책은 단순히 지식을 전달하는 것을 넘어, 여러분의 관점을 바꾸고, 실제적인 삶의 행동양식을 변화시키며, 시대

**들어가는 글**

를 향한 사명으로 여러분을 무장시키는 것을 목표로 하였습니다.

이를 위해 제가 가장 공들인 부분은 바로 '쉽고 구체적인 전달'이었습니다. 어떻게 하면 독자들의 눈높이에서 명쾌하게 읽힐 수 있을지, 집필하는 내내 깊이 고민했습니다. 수십 번의 수정과 퇴고를 거쳐 다듬어진 이 글들이 여러분의 마음에 선명하게 닿기를 바랍니다.

바라기는, 이 책을 통해 많은 성도님들이 혼란스러운 시대의 흐름을 꿰뚫어 보는 '창조주의 시선'을 회복하시길 바랍니다. 그리하여 신앙을 더 이상 현실과 동떨어진 관념이나 종교 활동으로 여기지 않고, 삶의 모든 영역에서 하나님의 주권을 선포하며 살아내는 킹덤 빌더(Kingdom Builder)로 견고하게 서시기를 간절히 소망합니다. 할렐루야!

## 추천의 글

추천의 글

**지용훈 목사 (뉴욕의 유대인과 열방민족의 전도자)**

(염보연 목사님의 저서를 추천하게 하신, 왕되신 주 예수 그리스도께 감사드립니다. 온 세계가 반(反)성경적 가치관을 향해 흘러가고 있는 이 시대에 염보연 목사님을 광야의 외치는 자의 소리로 사용하시어 주님 오실 길을 예비하게 하소서! 주 예수 그리스도의 이름으로 기도합니다. 아멘!)

지구촌이 온통 안티 바이블 방향으로 흘러가고 있는 이유는 간단하다. 천상에서 하나님의 자리에 앉으려 했던 사탄이 그 배후이다.<sup>사14:12~14</sup> 그의 목적은 세상 사람들에게서 하나님의 존재를 무시하게 하여 자신이 그 자리에 앉으려는 것이다. 그 목적을 이루기 위한 사탄의 가장 효과적인 전략이 성경의 진리를 공격하는 것이다. 사탄은

## 추천의 글

자신이 그 자리를 차지하기 위해, 첫 사람 아담과 하와를 유혹하여 하나님의 자리에 앉으라고 유혹했던 전략을 지금도 모든 인류에게 그대로 쓰고 있다. 그의 전략 전술은 태초 이후로 바뀐 적이 없다.

국내외의 정치 경제 사회 교육 문화 예술 모든 분야에서 성경을 공격하는 것은 성경의 저자이신 유일하신 창조주 구원자 심판주 하나님께 대역죄를 짓는 것이다.

바울은 인간의 죄로 말미암아 피조물들이 함께 탄식하게 될 것이라고 했고, 바라는 것은 피조물들이 썩어짐의 종노릇 한 데서 해방되어 하나님의 자녀들의 영광의 자유에 이르는 것이라고 했다. 그런데 그 영광의 자유에 이르기까지 성령의 처음 익은 열매를 받은 우리까지도 속으로 탄식하며 양자될 것, 곧 우리 몸의 속량을 기다리는 것이라고 했다. 롬8:21-23

## 추천의 글

온 세상이 성경을 공격하는 방향으로 흘러가기에, 하나님의 자녀들이 영광의 자유에 이르는 과정은 속으로 탄식할 수 밖에 없는 과정이다. 그러나 이 탄식은 실패나 좌절로 인한 탄식이 아니다. 오히려 이미 승리한 자들의 탄식이다. 즉 왕권을 주님께 온전히 맡김으로써 그리스도의 죽음과 부활에 연합되고 승천하여 보좌에 앉으신 그리스도와 하나된 정체성을 갈2:20; 엡2:5,6; 요17:21 알게 하시는 성령의 침례를 통하여 요14:16-20; 행1:4,5,2:1-4,33, 36-38 아버지의 탄식의 마음으로 담대히 진리를 선포하는 자(이긴 자)의 모습이다.

예수님께서 이 마지막 때 인자가 임하실 때는 노아와 롯의 때와 같을 것이라고 하셨다. 눅19:26-30 노아는 심판을 준비하며 방주를 지었을 뿐만 아니라 죄가 관영하는 세상을 향하여 의이신 그리스도를 전파했고 벧후2:5; 롬3:21,22 롯

## 추천의 글

도 세상의 음란한 행실과 불법한 행실을 보고 들음으로 그 의로운 심령이 상함으로 탄식했다.[벧후2:6-8]

영원한 심판을 향하여 전속력으로 달려가는 이 세상을 향하여 우리는 노아와 같이 의이신 그리스도를 전파해야 하며 롯과 같이 상한 심령으로 기도해야 할 것이다.

염목사님의 글에는 노아와 롯의 심정이 녹아져 있다. 그 심정을 독자들이 만나기를 소망한다. 이러한 때에 본 저서가 소위 건물 교회 안에 있는 모든 계층들을 깨우는 선포로 역할을 감당하기를 소망한다.

첫째, 사도행전 2장 이후의 제자들과 같이 성령침례를 경험한 자들에게는[행1:4,5,2:1-4] 더욱 깨어있어서 세상을 향하여 의를 전파하고 탄식하며 기도하기를 촉구하는 소리로 전달되기를 바란다.

둘째, 아직 성령침례를 경험하지 못한 채 복음서 속의

## 추천의 글

제자들의 모습에 머물고 있는 자들 — 곧 예수님을 모른다고 부인하고 도망할 자기 중심적 신앙인들 — 에게는 왕권을 진정 주님께 드려서 성령침례의 경험을 갈망하도록 하는 역할을 하기를 소원한다.

셋째, 아직 구원과 상관없이 교회를 다니고 있는 자든지, 자신은 구원을 확신하나 주님께서 "나는 너를 모른다!"라는 말씀을 들을 자들이든지[마7:15-23] 즉 교회 건물 안에 있으나 아직 자신이 그 삶의 왕좌를 차지한 세상에 속한 사람들에게는, 본 저서가 회개하고 예수님을 삶의 진정한 왕으로 모시지 않으면 영원한 심판에 처해 질 것을 경고하는 소리가 되기를 원한다. 특히 이 저서의 추천인으로서, 교회 건물 안에 있으나 저자로부터 이 저서를 통하여 지적을 받는 대상에 속한 자들에게 선포하고 싶다.

**추천의 글**

"삶의 왕권을 예수님께 드리고 예수님을 진정한 왕으로 모셔들이십시오! 그것이 진정한 회개입니다. 그렇지 않으면 영원한 심판을 받을 것입니다!"<sup>막9:43-50</sup>

'그러나 이 회개 조차도 하나님의 은혜가 임해야 한다. 하나님의 은총을 구하는 마음으로 항상 쉬지 않고 범사에 주님의 긍휼을 구하자.

"나를 불쌍히 여기소서!"

**이태희 목사 (그안에진리교회 담임목사)**

염보연 목사의 『킹덤 인사이트』는 혼란한 시대를 살아가는 성도들에게 영적 나침반과 동시에 전신갑주를 제공하는 책이다.

이 책은 교회가 오랫동안 잃어버렸던 근본적인 문제,

### 추천의 글

 즉 '신앙을 교회 건물 안에만 가두어 두는 영지주의적 이분법의 낡은 틀'을 정면으로 깨고, 세상에 대한 책임과 영적 무력감을 극복하도록 우리를 강력하게 도전한다.

 저자는 창조주 하나님의 절대적인 주권과 시선으로 세상을 분별하도록 우리를 이끌며, 그리스도인의 정체성을 '만년 환자'가 아닌 '구별된 군사'로 새롭게 정의한다. 가정, 교회, 문화, 정치, 경제 등 삶의 모든 영역이 왕이신 하나님의 통치를 반드시 드러내야 할 치열한 전선임을 선명하게 제시한다.

 또한, 이 책은 단순히 '옳은 소리'를 나열하거나 인간적인 개혁 의지를 촉구하는 데 그치지 않는다. 참된 '왕권이양(회개)'과 성령의 능력만이 이 사명을 감당할 수 있는 유일한 동력임을 강조하며, 독자들이 세상의 '거짓 복음(이데올로기)'을 분별할 성경적 기준과 실천적 지혜를 제시

**추천의 글**

하고 있다.

결국 이 책 『킹덤 인사이트』는 혼탁한 시대를 향해 타협 없이 진리를 선포할 용기를 주고, 우리 모두가 '킹덤 빌더'로 굳게 서도록 내적인 성령의 능력과 외적인 세계관을 무장시켜주는 실제적이면서도 영적인 안내서가 될 것임을 확신하며 일독을 권한다.


**조평세 박사 (1776연구소 대표)**

지금은 전쟁의 때[전3:8]입니다. 전쟁의 때임이 명백한데 평화를 외치는 사람은 간첩과 다를 바 없습니다. 전쟁의 때에 필요한 것은, 요엘서의 말씀대로, 전쟁을 준비하고 용사를 격려하며 병사를 모집하는[욜3:9] 것입니다. 전쟁을 준비하는 방법은 '피아(彼我)', 즉 적과 아군을 구분하는

**추천의 글**

것이지요. 용사를 격려하는 것은 우리의 정체성(identity)을 확실히 하여, 우리가 적으로부터 지키려는 것이 얼마나 소중하고 목숨 바칠만한 것인지 동기부여(motivate)하는 것입니다. 그리고 병사를 모집한다는 것은 적을 능히 대적하여 싸우고도 설(to stand) 수 있는 전신 갑주로 무장시키는 것엡6:13을 의미합니다. 이 책은 바로 그런 책입니다.

이 책은 전쟁 준비를 위해 우리를 '킹덤 세계관'으로 초대합니다. 이 전쟁의 때에 정말 꼭 필요한, 우리의 전의(戰意)를 다지게 하는 탁월한 관점이 아닐 수 없습니다. 이제껏 우리가 전장에서 열세에 몰렸던 이유가 바로 왕이 없으므로 사람마다 각자의 소견대로삿21:25 행했던 것이었기 때문입니다. 우리에게 왕이 없다니요! 우리에게는 왕 되신 그리스도가 계십니다! 킹덤 세계관은 예수 그리스

## 추천의 글

도를 마땅히 우리의 '왕중의 왕(king of kings)'이요 '주중의 주(LORD of lords)'로 모시는, 그야말로 '찐(real)' 크리스천 세계관입니다.

애초부터 자유민주주의는 사실 단순히 "왕을 두지 않는" 차원의 것이 아니었습니다. 자유민주주의는 사실 "하나님 외에는 다른 왕을 두지 않겠다"는 선언이었습니다. 최초의 자유민주공화국인 미국의 국부들은, 다름 아닌 하나님을 믿는 신앙의 자유를 지키고자 나라를 세웠습니다. 소위 '정교분리'라는 말로 와전된 미국 수정헌법 1조의 '종교의 자유' 원칙은 어디까지나 정치가 신앙을 침해하지 않도록 하기 위함이었지, 신앙이 정치에 관여하지 못하도록 했던 것이 결코 아니었습니다. 초대 대통령 조지 워싱턴은 "내가 하나님을 대신하리이까"창50:19는 말씀에 손을 얹고 취임선서를 했으며, 마지막 고별연설에서

**추천의 글**

는 국가의 보전을 위해 신앙과 도덕이 필수적임을 강조했습니다. 재임 중에는 감사의 날(Thanksgiving)을 제정했을 뿐만 아니라 금식 기도와 겸비의 날(Day of Fasting, Humiliation and Prayer)도 선포하여 지켰습니다. '정교분리'라는 왜곡된 말 뒤에 편리하게 숨어버리는 거짓 선지자를 삼가십시오. 이 악한 날에 그런 비겁한 그리스도인이 되어선 안 됩니다. 오늘날은 교회가 잘못된 정치에 책망의 목소리를 내기는커녕, 반대로 정치가 마음껏 신학을 침범하며 창조질서를 무너뜨리려 하는 극도로 악한 때입니다.

  이 책에서 저자가 통렬하게 호소하듯, 복음은 '천국행 티켓'정도로 취급될 값싼 은혜가 아닙니다. 복음은 현재 나의 삶을 통째로 뒤집고도 모자라 '언덕 위에서 세상을 비추는'$^{마5:14}$ 눈부신 빛입니다. 복음은, '어둠을 이기는 빛의 전쟁'으로의 초대장입니다. 이미 이긴 전쟁입니다. 너

**추천의 글**

머에 영원한 승리가 기다립니다. 기쁨으로 소집 명령에 응답하여 그 영광스러운 전쟁에 참여하시기 바랍니다. 전쟁터에서 뵙겠습니다.


**김요환 목사 (성혈교회 담임목사)**

이 시대는 진리를 희미하게 만들고, 성경을 사람의 생각으로 재단하려 합니다. 혼탁한 신학 사조가 교회를 흔들고, 좌경화된 세속 세계관이 다음 세대를 무너뜨리고 있습니다. 이 책은 그런 흐름을 거슬러 싸울 수 있는 영적인 힘을 제공해줍니다.

변하는 세상에서 변하지 않는 복음을 다시 붙잡고 나아가기 위해선 하나님의 왕국(킹덤)에 대한 바른 이해와 믿음을 가지고 있어야 합니다. 그래서 이 책은 단순한 위

**추천의 글**

로를 제공하지 않고, 시대 속에서 분별력을 세우고, 하나님의 통치에 믿음의 뿌리를 깊게 내릴 수 있도록 이끌어 줍니다.

특히 흔들리는 세상 속에서 진리의 기준을 잃어가는 교인들에게, 그리고 성경보다 사상을 앞세우는 흐름에 맞서고자 하는 모든 이들에게 이 책을 강력히 추천합니다.

**김민아 (빌드업코리아 대표)**

이 책을 읽는 내내, 제 마음 깊은 곳이 시원해지는 느낌이었습니다. '순종, 질서, 통치' — 처음부터 마지막 장까지, 요즘 리더로서 또 신앙인으로서 고민하던 문제들이 너무나 명확하게 풀려 있었습니다.

저 역시 믿음의 현장에서 수많은 2030 신앙인들과 함

## 추천의 글

께하면서 느낍니다. 신앙은 뜨겁지만, 순종과 질서에 대한 이해는 너무나 희미하고, '나만 천국 가면 된다'는 식의 개인화된 믿음 속에 사는 이들이 많다는 것을요. 그래서 요즘 참 많이 답답하고, 또 제 자신을 돌아보는 시간이 많았습니다.

그런데 이 책을 읽는 순간, 그 복잡한 생각들이 하나로 정리되었습니다. 이 책은 마치 '사이다'처럼 답답했던 마음을 뚫어 주었을 뿐 아니라, 혼란스러운 시대 속에서도 하나님의 질서와 통치를 회복할 때 어떤 세대가 일어설 수 있는지를 보여주는 킹덤의 해석서였습니다.

무엇보다, 같은 신앙인으로서 가장 안타까웠던 부분 — '하나님의 질서 안에서 순종이 어떻게 생명을 낳는가'를 이토록 깊고 명료하게 풀어 주신 책은 처음이었습니다. 이 책은 단순히 리더를 위한 책이 아니라, 하나님 나

### 추천의 글

라의 통치 원리로 무장한 '용사 세대'를 세우는 책입니다.

　읽는 내내 제 자신도 신앙인으로서 겸손히 제 자리와 태도를 돌아보게 되었고, 이 시대에 하나님의 말씀을 끝까지 지키며 살아갈 세대가 어떻게 세워져야 하는지에 대한 답을 얻었습니다. 염보연 목사님의 이 책은 지금 세대의 신앙인들에게 킹덤 세계관으로 세상을 분별하고, 하나님의 나라를 이 땅 가운데 세워갈 진리의 나침반이라 믿습니다.

**감사의 글**

## 감사의 글

    이 책이 세상의 빛을 보기까지, 저의 힘과 의지로는 설명할 수 없는 수많은 은혜와 도움, 그리고 헌신이 있었습니다. 이 모든 역사의 주관자이시며, 가장 먼저 이 책의 영광을 받으시기에 합당하신 하나님 아버지께 모든 감사와 찬양을 올려드립니다. 저를 지으시고, 은혜와 능력으로 구원하셨으며, 이 혼란한 시대를 향한 창조주의 시선과 사명을 맡기신 그 크신 은혜를 결코 잊지 않겠습니다.

    가장 가까이에서 이 책의 논의와 씨름하며 저를 붙들어 준 저의 가족에게 진심으로 감사와 사랑을 전합니다. 저의 귀한 동반자이자 가장 든든한 동역자인 사랑하는 아내 박주미에게, 이 책을 집필하는 모든 과정 속에서 보여준 깊은 헌신과 희생, 그리고 묵묵한 믿음의 지지 앞에 말로 다 할 수 없는 감사를 전합니다. 또한, 아버지와 어머니의 사명에 순종하며 기꺼이 협력하고 기쁨으로 감당

**감사의 글**

해 준 사랑하는 자녀들, 현민-해민-예슬이의 순종과 수고를 기억합니다. 이 책은 오직 주님의 은혜와 가족의 헌신으로 완성될 수 있었습니다.

저의 영적 뿌리이자 기도의 방패이신 양가 부모님들께도 감사의 말씀을 올립니다. 묵묵히 기도로 응원해주시는 부모님들의 믿음과 헌신이 없었다면, 저는 이 험난한 사명의 길을 결코 걸어올 수 없었을 것입니다.

마지막으로, 이 책의 내용이 신학적 오류 없이 독자들에게 정확하고 예리하게 전달될 수 있도록 귀한 시간을 내어주시고, 아낌없는 조언과 추천으로 힘을 실어주신 영적 동역자분들께 감사드립니다. 특히, 이 책의 신학적 통찰과 논지에 날카로운 검증을 더해주신 지용훈 목사님과 이태희 목사님, 그리고 시대적 분별력과 학문적 깊이를 더해주신 조평세 박사님께 깊이 감사드립니다. 또한, 영

**감사의 글**

적인 격려와 실천적인 조언으로 힘을 실어주신 김요환 목사님과 김민아 대표님의 헌신에도 고개 숙여 감사드립니다.

모든 영광을 오직 하나님께 올려 드립니다.

## 차례

들어가는 글 · 004
추천의 글 · 016
감사의 글 · 031

**1부** 기준: 모든 것은 '왕'에게서 시작된다

    당신의 '왕'은 누구인가? · 038
    하나님 나라의 복음, '천국행 티켓'이 아니다! · 050

**2부** 정체성: 우리는 '구별된 군사'다

    '카도쉬(קדוש)', 거룩은 구별이다 · 066
    교회는 병원인가, 훈련소인가? · 076
    영적 전쟁은 '리얼'이다 · 086

**3부** 전쟁터(1) : 가정과 경제

    영적 전쟁의 최전선, '가정' · 096
    미디어인가, 우상인가? · 105
    돈의 주인을 바꾸라 · 111

**4부 전쟁터(2) : 정치와 사회**

    크리스천은 본질적으로 '정치인'이다 · **124**
    왜 '좌파 이데올로기'를 대적해야 하는가? · **135**
    여호와를 경외하는 것이 '지혜'다 · **144**

나가는 글 · **153**

우리는 지금,

그 어느 때보다 '하나님 나라'를 말해야 합니다.

이것은 여러 가지 신앙 '스타일'이나 '관점' 중

하나를 선택하는 문제가 아니라,

성경 전체가 일관되게 증언하는 복음의 핵심이자,

이 모든 문제와 혼란을 해결할

'유일한 해답'이기 때문입니다.

**PART01 기준**

# 모든 것은 '왕'에게서 시작된다
(성경적 세계관과 복음의 본질)

이르시되 때가 찼고
하나님의 나라가 가까이 왔으니
회개하고 복음을 믿으라 하시더라

**마가복음 1:15**

# 당신의 '왕'은 누구인가?

> 골로새서 1:16 만물이 **그에게서 창조되되** 하늘과 땅에서 보이는 것들과 보이지 않는 것들과 혹은 왕권들이나 주권들이나 통치자들이나 권세들이나 만물이 **다 그로 말미암고 그를 위하여** 창조되었고

### 당신의 왕은 누구인가?

모든 세계관은 사실 단 하나의 근본적인 질문에서 시작합니다.

### "누가 왕인가?"
(Who is King?)

조금 더 풀어볼까요? '내 삶의 최종 결정권자는 누구인가?', '나의 궁극적인 충성의 대상은 무엇인가?', '무엇이 내 삶의 옳고 그름을 판단하는 최종 기준인가?'라는 질문입니다. 이 질문에 우리가 의식적으로든 무의식적으로든 어떻게 답하느냐에 따라, 한 사람의 인생관, 가치관, 도덕 기준, 그리고 이 세상을 바라보는 모든 관점이 뿌리부터 결정됩니다. 인간은 본질적으로 무언가를 섬기도록 지음받은 존재입니다. 왕좌를 비워둘 수는 없습니다. 하나님을 왕으로 모시지 않으면, 반드시 다른 무언가가 그 자리를 차지하게 됩니다.

많은 사람이 입술로는 '하나님'이라고 고백합니다. 주일 예배에서는 뜨겁게 찬양하고 기도하며 그분의 주권을 인정하는 듯 보입니다. 하지만 실제 삶의 중요한 갈림길,

### 당신의 왕은 누구인가?

결정적인 순간에는 너무나 쉽게 자신이 '왕'이 되어 판단하고 결정합니다.

- "성경이 그렇게 말하는 건 알지만, 요즘 시대에 그렇게까지 살 필요는 없지 않을까? 세상의 상식에 맞춰야지." (하나님의 말씀 < 세상의 기준)
- "기도는 해봤는데, 아무래도 내 이성으로 따져보니 이게 더 합리적이고 안전한 길 같아." (하나님의 인도 < 나의 판단)
- "내 감정이 너무 힘든데... 지금은 하나님 뜻이고 뭐고 생각할 여유가 없어. 일단 내 마음부터 편해져야 해." (하나님의 뜻 < 나의 감정)
- "다른 사람도 다 그렇게 하는데, 나만 유별나게 굴 필요 없잖아?" (하나님의 기준 < 군중심리/여론)

이것이 바로 내 경험, 내 지식, 내 감정, 세상의 여론을 하나님보다 더 높은 왕의 보좌에 교묘하게 올려놓는 것입니다. 입술로는 하나님을 '주님(Lord)'이라 부르지만, 실제로는 내가 나의 '주(lord)'인 셈입니다.

오늘날 현대인들이 하나님 대신 왕으로 섬기는 우상들

### 당신의 왕은 누구인가?

은 더욱 교묘하고 다양합니다.

어떤 사람들은 '과학주의(Scientism)'를 왕으로 섬깁니다. 과학적 방법론 자체는 하나님이 주신 이성을 사용하여 피조 세계를 탐구하는 훌륭한 도구입니다. 그러나 과학주의는 "과학적으로 증명되지 않은 것은 존재하지 않거나 무의미하다"고 주장하며, 과학의 '영역'을 넘어선 형이상학적 진리, 영적 실재, 그리고 창조주 하나님의 존재 자체를 부정합니다. 과학을 '만물의 척도'라는 왕좌에 앉히는 것입니다.

또 어떤 사람들은 '나 자신(Self)'을 왕으로, 아니 '신(god)'으로 섬깁니다. "내 인생의 주인은 나야!", "나의 감정과 느낌, 나의 욕망이 가장 중요해!", "내가 원하는 대로, 나를 만족시키는 대로 사는 것이 최고의 삶이야!" 이것이 바로 '자아실현', '개성 존중', '자기 사랑'이라는 이름으로 아름답게 포장된 현대판 인본주의적 우상숭배입니다. 이 우상은 끊임없이 '나'에게 집중하라고 속삭이며, 하나님과 이웃을 향한 책임과 헌신을 거추장스러운 것으로 여기게 만듭니다.

심지어 어떤 이들은 특정 정치 이념이나 사회적 사상(이데올로기)을 절대적인 왕으로 섬기기도 합니다. 마치 그

### 당신의 왕은 누구인가?

이념만이 세상을 구원할 수 있는 유일한 길인 것처럼 맹신하며, 모든 문제를 그 이념의 틀로만 해석하고, 그 기준에 맞지 않는 모든 사람이나 생각을 '적'으로 규정하며 증오를 퍼뜨립니다. 이것은 하나님 나라가 아닌 인간의 나라를 세우려는 또 다른 형태의 바벨탑 쌓기입니다.

우리는 이렇게 자신도 모르는 사이에 하나님 아닌 다른 것들을 왕좌에 앉혀놓고, 정작 진짜 왕이신 하나님은 필요할 때만 찾는 '마법 램프의 요정 지니'처럼 취급하기 쉽습니다. 내가 원하는 것을 간절히 구하면 '짠'하고 나타나 해결해 주시는 분, 내 필요를 채워주고 내 소원을 들어주는 '수단'으로 하나님을 대하는 겁니다. 내 성공, 내 건강, 내 자녀의 합격을 위해 동원되는 '전능한 해결사' 정도로만 그분의 역할을 축소시키는 것이죠.

하지만 성경이 우리에게 계시하는 하나님은, 우리의 필요를 채워주는 하인이 아니라 온 우주 만물을 창조하시고 다스리시는 '절대 주권자(Sovereign Ruler)'이시며 '만왕의 왕(King of kings)'이십니다.

이 둘의 차이가 느껴지시나요? 지니(Genie of the lamp)는 램프 주인의 '부탁'에 '복종'하지만, 왕은 백성에게 '명령'하고 그 나라를 '통치'하십니다. 지니에게는 '요구'하면

## 당신의 왕은 누구인가?

되지만, 왕에게는 마땅히 '순종'해야 합니다.

　이 지점이 정말 중요합니다. 왕의 통치는 '명령'과 '순종'이라는 관계와 질서 안에서 이루어집니다. 순종 없는 통치는 폭력일 뿐이며, 왕을 인정하지 않는 순종은 위선일 뿐입니다. 하나님은 전능하시지만, 그분의 뜻을 이 땅에 이루실 때 당신의 형상대로 지음받은 인간의 자발적인 '순종'을 통해 일하기를 기뻐하십니다. 강제적인 로봇의 복종이 아니라, 사랑과 신뢰에 기반한 자녀의 순종을 원하시는 것입니다.

　하나님께서 에덴동산에서 아담에게 **"선악을 알게 하는 나무의 열매는 먹지 말라"**고 '명령'하셨습니다.[창2:17] 이것은 단지 과일 하나 먹느냐 마느냐의 문제가 아니었습니다. 하나님은 아담에게 이미 모든 것을 다스릴 권한[창1:28]을 주셨지만, 이 명령을 통해 "그럼에도 불구하고 이 모든 것 위에 너의 왕은 바로 나다"라는 사실을 기억하게 하신 것입니다. 즉, 이것은 주권(Lordship)의 문제였습니다. 아담의 불순종은 단순한 '실수'나 '유혹에 넘어감'이 아니라, "이제부터는 내가 내 삶의 선악 기준이 되겠습니다", "하나님처럼 되겠습니다"[창3:5]라는 교만한 '반역(Treason)'이자 왕으로부터의 '독립 선언'이었습니다.

### 당신의 왕은 누구인가?

노아가 당대의 모든 사람에게 미쳤다는 조롱을 받으면서도 거대한 방주를 만들고, 아브라함이 모든 익숙한 것을 버리고 약속의 땅을 향해 떠난 것도 마찬가지입니다. 모세가 바로 왕 앞에 담대히 서서 **"내 백성을 보내라"**<sup>출5:1</sup>고 외친 것도, 이스라엘 백성이 홍해 앞에서 두려워 떨 때 **"가만히 서서 여호와께서 행하시는 구원을 보라"**<sup>출14:13</sup>는 명령에 순종하여 바다가 갈라지는 기적을 경험한 것도 모두 동일한 원리입니다. 그들의 순종은 때로 인간의 이성으로는 도무지 이해할 수 없는 '비합리적인' 행동처럼 보였습니다. 그러나 그들은 자신의 '왕'이신 하나님의 명령이기에, 그분의 선하심과 능력을 '신뢰'하며 '순종'했고, 하나님은 그 순종을 통해 인류를 구원하고 당신의 나라를 이루어 가셨습니다.

그렇다면 하나님께서 우리의 왕이 되시는 근본적이고 합법적인 이유는 무엇일까요? 왜 우리는 그분께 마땅히 순종해야 할까요? 그것은 바로 그분이 '창조주'이시기 때문입니다.

창조주라는 고백은 단순히 '세상을 만드신 분'이라는 지적 동의를 넘어섭니다. 그것은 '모든 만물의 소유권(Ownership)이 그분께 있다'는 선포입니다. 내가 만든 물

### 당신의 왕은 누구인가?

건의 주인이 나이듯이, 시간과 공간을 포함한 온 우주 만물을 무(無)에서부터 말씀으로 지으신 분이 그 모든 것의 주인이신 것은 너무나 당연한 이치입니다. 그리고 이 절대적인 '소유권'이야말로 그분의 '통치권(Rulership)'의 유일하고 합법적인 근거입니다. 그분만이 모든 것을 어떻게 다스려야 할지 아십니다.

더 나아가, 그분께서 우리의 '창조주'이시라는 사실은, 그분이 우리의 존재 목적(Purpose)을 설계하시고 아시는 유일한 분이라는 의미입니다. 성경은 **"만물이 그에게서 창조되되 하늘과 땅에서 보이는 것들과 보이지 않는 것들과 혹은 왕권들이나 주권들이나 통치자들이나 권세들이나 만물이 다 그로 말미암고 그를 위하여 창조되었고"** 골1:16라고 명확히 선포합니다. 우리는 빅뱅이라는 우연한 사건의 산물이나, 아무 의미 없이 던져진 존재가 아니라, '왕'이신 창조주의 영광을 위해, 그분의 선하신 계획과 목적을 위해 의도적으로 지음 받은 존귀한 존재입니다. 따라서 창조주 하나님을 왕으로 인정하지 않는 것은, 단순히 '다른 생각'을 하는 정도의 문제가 아니라, 나 자신의 존재 이유와 가치를 근본적으로 부정하는 비극적인 선택입니다.

### 당신의 왕은 누구인가?

성경은 인간의 상상력으로 지어낸 신화나 고대의 지혜문학 모음집이 아닙니다. 살아계신 창조주 하나님께서 당신의 백성에게 "너희는 누구이며, 어떻게 살아야 하는가"를 알려주시기 위해 스스로를 '계시하신 말씀(Revelation)'이자, 그분의 나라 백성들이 따라야 할 '왕의 법령'입니다.

> 창 1:1 "태초에 하나님이 천지를 창조하시니라"

성경의 이 첫 문장이야말로 다른 모든 것을 이해하는 열쇠이며, 모든 진리의 시작이자 근본입니다. 그래서 진리는 사실 복잡하지 않습니다. 오직 하나, 여호와 하나님이 창조주시며 왕이시라는 사실입니다.

혹시 "왕, 명령, 순종… 너무 딱딱하고 권위적으로만 들립니다. 우리를 사랑하시는 '자비의 하나님', '은혜의 아버지'는 어디 있나요?"라고 반문하고 싶으신가요?

물론 그 왕은 당신의 독생자를 내어주시기까지 우리를 사랑하시는 '아버지'이십니다. 그분의 통치는 폭력적인 독재가 아니라 사랑과 공의에 기반한 통치입니다. 하지만 순서를 잊어서는 안 됩니다. 그분은 '사랑이 많으신 왕'이

### 당신의 왕은 누구인가?

시지, 우리가 마음대로 조종하거나 내 기분대로 섬길 수 있는 '친구 같은 동업자'나 '소원 들어주는 해결사'가 아닙니다. 예수님께서는 **"너희가 나를 사랑하면 나의 계명을 지키리라"**요14:15고 분명히 말씀하셨습니다. 성경적인 사랑은 결코 감정의 뜨거움이나 말뿐인 고백에 머무르지 않습니다. 진짜 사랑은 '순종'이라는 열매로 반드시 증명됩니다. 왕의 뜻을 기쁨으로 따르는 것이 사랑의 표현입니다.

더욱이, 왕의 명령(말씀)은 우리를 억압하고 자유를 빼앗기 위한 '족쇄'나 '무거운 짐'이 아닙니다. 마치 사랑하는 부모가 자녀에게 "위험한 길로 가지 마라", "뜨거운 난로를 만지지 마라"고 간절히 가르치듯이, 우리를 창조하시고 가장 잘 아시는 하나님께서 우리가 생명을 얻고 더 풍성히 얻도록요10:10, 우리를 가장 복되고 안전하게 지키시기 위해 주신 사랑의 울타리이자 생명의 길신30:19-20 참조입니다. 그분의 명령에 순종하는 것이 결국 우리 자신에게 가장 큰 복이 되며 참된 자유를 누리는 길요8:31-32입니다.

이 첫 번째 단추, '하나님은 나의 왕이시며 창조주이시다'라는 이 절대 기준을 놓치는 순간, 우리의 신앙은 기초

### 당신의 왕은 누구인가?

없는 모래 위에 지은 집처럼 작은 시련에도 쉽게 무너져 내릴 수밖에 없습니다.<sup>마7:26-27</sup> 기준이 없으니 무엇이 옳고 그른지 분별할 수 없어 방향을 잃고 혼란에 빠지며(이것이 〈들어가는 글〉에서 말한 '답답함'과 '무력감'의 근원입니다), 결국 하나님 아닌 다른 것(죄, 세상의 가치관, 나 자신의 욕망, 혹은 거짓 이데올로기)의 노예가 되어 참된 자유와 평안, 그리고 삶의 의미를 상실한 채 방황하게 됩니다.

이 책의 본격적인 여정을 시작하기에 앞서, 우리는 가장 먼저 자신에게 정직하고도 뼈아픈 질문을 던져야 합니다. 나의 왕은, 진정 하나님 한 분뿐이십니까? 아니면, 여전히 하나님의 왕좌를 은밀히 넘보며 내 삶의 결정권을 행사하는 또 다른 '숨겨진 왕'을 모시고 있지는 않습니까? 이 질문을 회피하지 않고 직면하는 것, 바로 여기에서부터 진정한 **킹덤 인사이트**가 시작됩니다.

## 당신의 왕은 누구인가?

**MARCHING ORDERS** *KINGDOM PRACTICE*

1. 이번 주에 재정, 시간, 진로 등 중요한 결정을 내릴 때, "내가 원하는 것"이나 "남들이 보기에 좋은 것"을 구하는 '마법 램프' 기도를 멈추십시오. 대신, "왕이신 주님, 이 사안에 대한 주님의 '명령'(말씀)은 무엇입니까?"라고 묻고, 성경에서 그 기준을 먼저 찾는 '순종'을 실천하십시오.

2. 당신의 삶에서 하나님을 왕이 아닌 '조력자'로 대했던 영역(예: "내 사업을 도와주십시오"가 아니라 "이 사업을 통해 왕의 뜻을 이루십시오")을 하나 찾아, 그 영역의 '주권'을 하나님께 올려드리는 구체적인 고백과 기도를 드리십시오.

하나님 나라의 복음, '천국행 티켓'이 아니다!

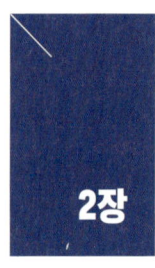
2장

# 하나님 나라의 복음, '천국행 티켓'이 아니다!

> **요한계시록 21:5** 보좌에 앉으신 이가 이르시되 보라 **내가 만물을 새롭게 하노라** 하시고 또 이르시되 이 말은 신실하고 참되니 기록하라 하시고

### 하나님 나라의 복음, '천국행 티켓'이 아니다!

우리는 1장에서 '하나님이 왕이시다'라는 대전제를 확립했습니다. 그렇다면, 그 왕께서 우리에게 주신 가장 기쁜 소식, 즉 '복음(Gospel)'은 무엇일까요?

만약 길을 가는 크리스천 10명에게 "복음이 무엇입니까?"라고 묻는다면, 아마 9명은 이렇게 대답할 겁니다. "예수님 믿고, 죄 사함 받아, 죽어서 천국 가는 것."

혹자는 이 구호 자체를 "이분법적이고 기복적"이라며 비판합니다. 하지만 우리는 이 구호가 담고 있는 절박한 진실을 먼저 인정해야 합니다. 성경은 분명히 **"한번 죽는 것은 사람에게 정해진 것이요 그 후에는 심판이 있으리니"**히9:27라고 말씀합니다. **"오늘 밤에 네 영혼을 도로 찾으리니"**눅12:20라는 주님의 경고처럼, 우리에겐 '내일'이 없을 수도 있습니다. 그렇기에 한 영혼이라도 속히 예수 그리스도의 보혈로 죄 사함을 받고 영원한 심판(지옥)이 아닌 영원한 생명(천국)을 얻게 하려는 선교적 긴급함 속에서, 이 구호는 가장 단순하지만 강력한 외침이었던 것입니다.

그렇습니다. 이 구호가 가리키는 진리, 즉 죄 사함과 영생을 통한 구원은 복음의 빼놓을 수 없는 '필수적인 전제'이자 '시작점'입니다. 그러나 진짜 문제는, 오늘날 너

### 하나님 나라의 복음, '천국행 티켓'이 아니다!

무나 많은 경우 이 '시작점'이 '도착점'으로, 이 '문'이 '집 전체'로 오해되어, 복음의 더 큰 본질인 '하나님 나라의 도래와 그리스도의 완전한 통치'가 가려져 버렸다는 데에 있습니다. 복음이 이처럼 '개인의 구원'이라는 문턱에만 머무르게 될 때, 지극히 개인적이고 내세 지향적인 '종교적 관념'이나 '행위'로 축소됩니다. 앞서 1장에서 말했던 '삶의 모든 영역'을 다스리는 왕의 통치와는 거리가 멀어지죠. 이러한 축소된 이해는 〈들어가는 글〉에서 지적한 '영지주의적 이분법', 즉 신앙과 삶의 분리를 낳는 주된 원인 중 하나입니다.

한번 짚어보죠. 예수님께서 이 땅에 오셔서 '왕'으로서 선포하신 첫 메시지는 단순히 "죽어서 천국 가라"가 아니었습니다. 바로 **"회개하라, 하나님의 나라**(천국)**가 가까이 왔느니라"**마4:17였습니다.

'회개'는 여기서 '하나님의 나라'에 들어가는 유일한 문입니다. 이 '회개(메타노이아 μετανοια / 슈브 שוב)'는 단순히 '죄를 뉘우친다'는 감정적 차원을 넘어서는 것입니다. 이것은 1장에서 다룬 '왕께로의 귀환'입니다. 내가 왕 노릇하던 자리에서 내려와, 유일한 합법적 통치자이신 창조주 하나님께 나의 주권을 다시 돌려드리는 삶의 총체적인 방

### 하나님 나라의 복음, '천국행 티켓'이 아니다!

향 전환이자 충성의 대상을 바꾸는 결단입니다.

'죽어서 천국에 가는 것'과 '하나님의 나라가 가까이 온 것'은 완전히 다른 차원의 이야기입니다. 전자는 죽음 이후의 '장소 이동'에 초점이 맞춰져 있지만, 후자는 '지금(now)', '여기서부터(here)' 시작되는 하나님의 실제적이고 직접적인 통치'에 초점이 맞춰져 있습니다.

사실 '하나님의 나라'는 예수님이 처음 고안해 내신 개념이 아닙니다. 이것은 하나님의 원래 계획(Original Plan)이었습니다. 하나님은 천지를 창조하시고, 아담에게 "땅을 정복하라, 모든 생물을 다스리라"창1:28고 명령하셨습니다. 이것은 하나님 나라의 '통치 위임'이었습니다. 하나님께서 당신의 주권을 일부 나누어 주신 것이 아니라, 왕의 대리인으로서 이 땅을 하나님의 뜻대로 다스릴 책임을 맡기신 것입니다. 아담은 생물들의 이름을 지어주며(질서 부여) 에덴동산을 경작하고(문화 창조) 하나님의 형상을 확장해야 했습니다. 하지만 아담은 왕께 '순종'하는 대신 '반역'을 택했고, 그 결과 자신에게 맡겨진 왕의 '통치권(Dominion)'을 사탄에게 넘겨주는 비극을 초래했습니다.

예수님이 선포하신 복음의 핵심은, 바로 아담이 상실한 하나님 나라의 통치권을 왕이신 하나님 바로 그분께

### 하나님 나라의 복음, '천국행 티켓'이 아니다!

서 친히 회복시켜 주시러 오셨다는 선포입니다! 사탄의 불법적인 권세 아래 신음하던 이 땅에 드디어 '왕'께서 친히 개입하셨고, 그분의 다스림과 통치가 '이미(already) 시작되었다'는 선포인 것입니다. 예수님의 치유와 귀신 축출, 토라(율법)에 대한 온전한 가르침은 모두 '이미' 이 땅에 침투한 하나님 나라의 표적(Sign)들이었습니다. 그리고 그와 동시에 그 통치가 '아직 완성되지는 않았지만(not yet)' 반드시 다시 오시는 그리스도 자신을 통해 온전히 완성될 것이라는 약속입니다.

이 '이미 그러나 아직(Already/Not Yet)'이라는 긴장감이 바로 지금 우리가 살아가는 시대의 특징입니다. 하나님 나라는 예수님의 초림으로 '이미' 시작되었기에, 우리는 단순히 수동적으로 어떤 장소나 사건을 기다리기만 하는 존재가 아닙니다. 성령의 능력을 힘입어, 죄 사함을 받고 하나님의 형상을 회복한 개인이 하나님의 기록된 말씀에 순종할 때, 우리의 삶과 관계 속에서 왕의 통치가 드러나고 실현됩니다. 이것은 인간적인 운동(Movement)이나 사회 개혁 프로그램으로 하나님 나라를 확장하거나 건설하는 개념과는 본질적으로 다릅니다. 우리는 하나님의 주권적인 역사에 순종으로 동참하며, 그분의 통치가 '이미 여

### 하나님 나라의 복음, '천국행 티켓'이 아니다!

기' 임했음을 세상에 증언하고 삶으로 보여주는 청지기이자 증인일 뿐입니다. 하지만 그 나라는 '아직' 완성되지 않았기에, 우리는 여전히 우리 안의 죄와 싸우고, 하나님을 대적하는 세상 시스템의 반대와 미움에 필연적으로 부딪힙니다.<sup>요15:18-19</sup> 빛이 임하면 어둠이 더 격렬하게 저항하듯이, 이 세상은 하나님 나라의 진리가 드러날수록 더욱 악해지고 교회를 핍박하게 되어 있습니다.<sup>마24:9-12</sup> 그래서 우리는 피조물과 함께 탄식하며 우리 몸의 속량(부활)을 간절히 기다리는 것입니다.<sup>롬8:22-23</sup> 이것이 우리가 이 땅에 안주하지 않고 깨어 기도하며 왕의 다시 오심(재림)을 사모해야 하는 이유입니다.

그런데 왜 우리는 이 위대한 하나님 나라(Kingdom of GOD)의 복음을 '개인의 영혼 구원'과 '죽어서 가는 천국'이라는 작은 상자 안에 가둬 버렸을까요?

이는 〈들어가는 글〉에서 잠시 언급했던 '헬라적(영지주의적) 이원론'의 영향이 큽니다. 즉 '영(Spirit)은 선하고, 육(Body)과 물질세계는 악하다'고 보는 사상이죠. 이 관점에서는 우리가 발 딛고 사는 이 세상(가정, 경제, 정치, 문화 등)은 어차피 타락하고 더러운 곳이니, 빨리 이 곳을 '탈출'해서 저 높고 영화로운(?) '영적인(비물질적인) 천국'으로 가

### 하나님 나라의 복음, '천국행 티켓'이 아니다!

는 것이 신앙의 목표가 됩니다. (물론 성경은 그리스도인이 죽음 이후 의식이 소멸되는 것이 아니라 주님과 함께 낙원에 있을 것을 말하지만[눅23:43], 그것이 하나님 나라의 최종적이고 완전한 상태는 아니라는 것 또한 분명하게 증언하고 있습니다.)

이것이 마귀에게 얼마나 환영받는 생각인지 아십니까? 크리스천들이 "이 땅은 어차피 망할 곳"이라며 삶의 중요한 영역들을 포기하고 교회 건물이나 모임 안으로, 혹은 개인의 경건 생활 속으로 도망쳐 버리면, 그 '텅 비어버린 땅'은 누가 차지하게 될까요? 네, 바로 사탄의 가치관, 즉 반성경적 이데올로기가 주인 노릇을 하게 되는 것입니다.

- 가정에서는 '부모의 책임' 대신 '세속적 성공'이나 '미디어'가 자녀를 양육하게 됩니다.
- 경제 영역에서는 '청지기 사명' 대신 '맘몬'이 왕 노릇 하게 됩니다.
- 정치와 사회 영역에서는 '하나님의 공의' 대신 '거짓 이념'이 법과 제도를 만듭니다. 이처럼 '영지주의적 신앙'은 이 땅에 대한 하나님의 주권을 스스로 포기하고 마귀에게 합법적인 활동 무대를 내어주는 '직무유기'입니다.

### 하나님 나라의 복음, '천국행 티켓'이 아니다!

하지만 여러분, 이건 성경의 관점이 아닙니다. 하나님은 이 세상을 '악하다'고 저주하며 포기하신 적이 없습니다. 오히려 **"보시기에 심히 좋았더라"**창1:31고 선언하셨죠. 하나님께서 원하시는 것은 이 세상의 '완전한 폐기'가 아니라 죄로 인해 망가진 모든 것의 '온전한 회복'입니다.

그리고 이 '회복'은 단순히 우리 영혼이나 자연환경만의 회복이 아닙니다. 성경은 **"피조물**(모든 창조세계)**이 허무한 데 굴복하는 것은... 썩어짐의 종 노릇 한 데서 해방되어 하나님의 자녀들의 영광의 자유에 이르는 것"**을 '고대한다'고롬8:20-21 말합니다. 하나님은 타락으로 인해 왜곡된 모든 것, 즉 우리의 노동(일), 예술(문화), 학문(지식), 사회 구조(정의)까지도 인간적인 정의나 평등의 기준이 아니라, 하나님께서 원래 의도하신 선한 목적과 창조 질서대로 회복시키길 원하십니다. 예수 그리스도 안에서 **"하늘에 있는 것들이나 땅에 있는 것들이 다 그리스도 안에서 통일되게"**엡1:10 하는 것이 하나님의 최종 계획인 것입니다. 여기서 '통일되게(아나케팔라이오사스파이, ἀνακεφαλαιώσασθαι)' 한다는 것은, 마치 흩어진 조각들을 모아 그리스도라는 '새로운 머리(New Head)' 아래 다시 세우고 질서를 회복한다는 뜻입니다. 첫 아담이 실패한

### 하나님 나라의 복음, '천국행 티켓'이 아니다!

통치를, 마지막 아담이신 그리스도께서 완전히 회복하시는 것입니다.

이 회복은 개인의 내적 변화(회심, 거룩)에서 시작되어 가정과 사회로 하나님의 통치를 드러내는 삶으로 이어집니다. 하지만 앞서 강조했듯이, 이 땅에서 우리 인간의 노력으로 그 회복을 '완성'하는 것은 결코 아닙니다. 오히려 성경은 마지막 때가 가까울수록 죄가 더욱 관영하고 세상이 교회를 미워하며 핍박할 것이라고 분명히 경고합니다. <sup>마24장; 눅17:26-30; 딤후3:1-5</sup> 우리는 각자의 자리에서 하나님 나라의 원리를 따라 살며 만물의 회복을 위해 수고하며 충성해야 하지만, 그 궁극적인 완성은 오직 만왕의 왕으로 다시 오시는 그리스도를 통해서만 이루어집니다. 인간의 각성과 노력으로 유토피아를 건설하는 것이 아니라, 하나님께서 친히 그분의 주권과 능력으로 완성하신 나라(kingdom)를 이 땅으로 가져오시는 것입니다.

쉽게 말해, 하나님은 단지 우리 영혼만 쏙 건져 가시는 것이 아니라, 처음 창조하셨던 그 모습 그대로 만물(All things)을 회복(Restoration)하시길 원하십니다.

그래서 성경의 마지막 장면이 '구름 위 어딘가'가 아닌 것을 주목해야 합니다. 성경은 "처음 하늘과 처음 땅이

### 하나님 나라의 복음, '천국행 티켓'이 아니다!

없어졌고... 새 하늘과 새 땅"으로계21:1 끝납니다. 이 '새 땅'은 지금의 지구가 완전히 사라지고 다른 행성으로 이주하는 것이 아니라, 하나님이 지으신 바로 이 땅이 죄와 저주로부터 완전히 정화되고 새롭게 되어 본래의 창조 목적대로 온전히 회복될 것이라는 의미하는 것입니다. 그리고 그 완성된 '새 땅'으로, 거룩한 성 새 예루살렘과 함께 하나님의 영광스러운 임재 자체가 하늘로부터 임합니다.계21:2-3 즉 하나님께서 우리를 어딘가(다른 행성, 구름 위)로 데려가시는 것이 아니라, 하나님께서 친히, 그리고 영원히 우리와 함께 거하시기 위해 이 땅으로 오시는 것입니다. 바로 '회복된 이 땅에서' 그분과의 완전하고 영원한 통치가 실제적으로 이루어지는 것입니다.

그렇다면 이 '만물의 회복'이라는 거대한 그림은 어떻게 시작되고 보증될까요? '영혼만' 구원하는 것이 헬라적 사상이라면, '몸까지' 구원하는 것이 히브리적(성경적) 사상입니다. '몸의 부활'은 "물질세계(육신)는 악하다"는 영지주의의 거짓말을 깨부수는 하나님의 최종 선언과도 같습니다.

이 '만물의 회복'이라는 거대한 하나님의 구원 계획에서, 그 결정적인 시작점이자 흔들릴 수 없는 보증은 바로

### 하나님 나라의 복음, '천국행 티켓'이 아니다!

예수 그리스도의 '몸의 부활'(Resurrection of the Body)이었습니다.

예수님은 어떤 영적인 존재로 변모하신 것이 아닙니다. 십자가에서 죽으셨던 바로 그 물리적인 '몸'이 다시 살아나셨습니다. 의심하는 제자들에게 못 자국 난 손과 발을 만져보게 하시고,<sup>눅24:39</sup> 그들 앞에서 구운 생선을 드셨습니다.<sup>눅24:41-43</sup> 이것은 단순한 기적이 아니라, 창조주 하나님의 선언입니다. 예수님의 '몸'의 부활은, 하나님께서 죄로 인해 저주 아래 놓인 이 '물질세계'와 우리의 '육신'을 결코 포기하지 않으시고 반드시 완전히 회복시키실 것임을 가장 확실하게 보여주는 역사적 증거이기 때문입니다.

그분은 부활의 첫 열매<sup>고전15:20</sup>로서, 장차 우리 역시 그분과 같은 부활의 몸을 입고<sup>빌3:21</sup> 온전한 회복에 동참할 것임을 확증하십니다. 첫 열매가 열렸다는 것은, 앞으로 동일한 종류의 수많은 열매가 열릴 것을 보증하는 것과 같습니다. 이 '첫 열매'는 단순히 '보증'일 뿐 아니라, 앞으로 우리가 입게 될 몸의 패턴(Pattern)이 됩니다. 그 몸은 시공간의 제약을 받으면서도, 동시에 초월하는 신비하고 영광스러운 몸입니다.

### 하나님 나라의 복음, '천국행 티켓'이 아니다!

만약 예수님이 영으로만 존재하게 되셨다면, 그것은 "육체와 물질세계는 결국 버려지는 것"이라는 영지주의의 주장을 뒷받침했을지도 모릅니다. 하지만 예수님의 '몸'의 부활은 그 모든 거짓말을 깨뜨리고, 우리의 몸과 우리가 발 딛고 사는 이 땅 역시 하나님 나라의 최종적인 회복의 대상임을 반박 불가능하게 선포하신 것입니다.

이것이 왜 중요할까요? 만약 우리의 최종 상태가 형체 없는 '영혼' 상태라면, 지금 우리가 이 '몸'으로 하는 모든 수고(가정에서의 헌신, 직장에서의 정직한 노동, 예술, 학문, 정치 참여 등)는 결국 다 헛된 것이 되고 맙니다. 잠깐 있다 사라질 것들을 위해 왜 애쓰겠습니까? 하지만 '몸의 부활'과 '새 하늘과 새 땅'을 믿는다면, 이야기는 완전히 달라집니다. **"그러므로 내 사랑하는 형제들아 견실하며 흔들리지 말고 항상 주의 일에 더욱 힘쓰는 자들이 되라 이는 너희 수고가 주 안에서 헛되지 않은 줄 앎이라"**[고전15:58] 지금 우리가 이 땅에서 '하나님 나라'의 원리를 따라 살며 흘리는 땀과 눈물, 심지어 진리 때문에 세상으로부터 받는 미움과 핍박까지도 결코 헛되지 않습니다.[마5:10-12] 우리의 현재의 순종과 충성이 다가올 하나님 나라의 영광과 직접적으로 '연결'되는 것입니다. 이 부활의 소망이야말로 우리

#### 하나님 나라의 복음, '천국행 티켓'이 아니다!

가 이 땅에서 고난 속에서도 낙심하지 않고 맡겨진 사명을 감당하며 끝까지 견딜 수 있는[막13:13] 강력한 동력입니다.

이 차이를 아시겠습니까? 복음을 단지 '천국행 영혼구원 티켓'으로만 보면, 이 땅의 삶(정치, 경제, 문화 등)은 그저 '대합실'에서의 지루한 기다림일 뿐입니다. 어떻게든 참고 견디면 그만이죠. 결국 이 땅에서의 삶은 아무런 의미와 보람도 없는 것처럼 여겨질 뿐입니다. 또한, 이러한 시각은 예수님께서 그토록 엄중하게 경고하신 지옥(영원한 형벌)의 실재성과 최후 심판의 두려움을 망각하게 만들 위험이 있습니다.[마25:46; 막9:48-49] 우리는 하나님 나라(kingdom)를 거부한 자들의 비참한 종말을 기억해야 합니다. 이 땅에서 예수 생명 없이 자기 자신을 왕으로 섬기며 사는 삶은, 이미 '지옥의 지점'에서 살다가 죽음 이후 지옥의 본점(영원한 불못)과 만나는 것입니다. 반대로 회개를 통해 하나님 나라의 통치 안에 사는 삶은, 이 땅에서 천국의 지점을 누리다가 영원한 천국(새 하늘과 새 땅)의 본점과 만나는 것입니다.

이처럼 복음을 '하나님 나라의 회복'과 '우리 몸의 부활(그 회복의 시작점이자 보증으로서)'이라는 전체적인 그림 안에

**하나님 나라의 복음, '천국행 티켓'이 아니다!**

서 이해할 때, 이야기는 완전히 달라집니다. 우리는 '대합실'의 수동적인 승객이 아니라, 왕의 통치를 받아 이 땅에서 그분의 나라를 증언하고 미리 맛보이며 드러내야 할 '시대적 일꾼'으로 부름받은 것입니다. 우리의 신앙은 '현실 도피'가 아니라, 하나님께서 맡기신 이 땅을 인간의 가치나 노력이 아닌 오직 하나님의 말씀에 순종함으로 '책임감 있게 다스리고 경작하는 것'을 향해야 합니다.

부활 신앙 위에 견고하게 서서, 이 '만물의 회복(궁극적으로 그리스도께서 완성하실)'이라는 온전한 비전을 되찾을 때, 비로소 우리의 신앙은 교회 담장을 넘어 삶의 모든 영역으로 담대하고 능력 있게 뻗어 나갈 수 있습니다.

**하나님 나라의 복음, '천국행 티켓'이 아니다!**

**MARCHING ORDERS** *KINGDOM PRACTICE*

1. 당신의 일상적인 노동(직장 업무, 가사 노동, 학업)을 '대합실에서 시간 때우기'로 여기던 생각을 멈추십시오. "이것이 그리스도께서 완성하실 '만물의 회복'에 동참하는 거룩한 일"임을 선포하며, 왕의 일꾼으로서 성실하고 탁월하게 그 일을 감당하고자 힘쓰십시오.

2. '영지주의적 도피'를 의지적으로 거부하십시오. 이번 주, 당신이 속한 영역(학교, 직장, 사회)에서 일어나는 '반(反)창조 질서'적인 현안(뉴스, 정책, 문화)을 외면하지 말고, 그것을 '하나님 나라의 관점'으로 해석하고 기도하는 '시대적 일꾼'의 자리에 서십시오.

# PART02 정체성

# 우리는 '구별된 군사'다
(성도의 정체성과 교회의 사명)

그러나 너희는 택하신 족속이요
왕 같은 제사장들이요 거룩한 나라요
그의 소유가 된 백성이니
이는 너희를 어두운 데서 불러내어
그의 기이한 빛에 들어가게 하신 이의
아름다운 덕을 선포하게 하려 하심이라

**베드로전서 2:9**

**'카도쉬', 거룩은 구별이다**

# 카도쉬(קדוש),
# 거룩은 구별이다!

**고린도후서 6:17** 그러므로 너희는 **그들 중에서 나와서 따로 있고**(Come out from among them and be separate) 부정한 것을 만지지 말라 내가 너희를 영접하여

### '카도쉬', 거룩은 구별이다

2장에서 우리는 복음의 최종 목적이 '천국행 티켓'이라는 축소된 개념이 아니라, '만물의 회복'이라는 거대한 비전이며, 이 일은 오직 왕이신 그리스도의 재림으로 완성될 것임을 확인했습니다. 그렇다면 이 위대한 사명을 감당해야 할 우리, 즉 이 땅에서 그 나라의 도래를 증언하고 왕의 통치를 드러내야 할 시대적 일꾼(성도)은 과연 어떤 존재로 이 땅에 서 있어야 할까요? 그 정체성의 핵심은 바로 '거룩함(Holiness)'입니다.

그런데 '거룩함' 하면 무엇이 떠오르시나요? 아마 많은 분이 '도덕적으로 흠 없는 상태', '죄를 짓지 않는 완벽함', 혹은 그저 '친절하고 선량한 성품' 같은 이미지를 떠올릴 겁니다.

물론, 거룩한 삶은 필연적으로 정직, 친절, 인내와 같은 도덕적인 열매를 맺습니다. 하지만 그것은 거룩의 '결과'이지, 거룩의 '본질' 그 자체를 의미하지는 않습니다.

만약 거룩이 그저 '착하게 사는 것'이라면, 굳이 기독교인이 아니더라도 세상에는 '착한 사람', '훌륭한 인격자'가 많습니다. 그렇다면 그들과 우리의 근본적인 차이는 무엇일까요?

우리는 이 단어를 성경이 말하는 본래의 뜻, 즉 히브리

## '카도쉬', 거룩은 구별이다

적 관점에서 다시 이해해야 합니다. 성경에서 말하는 '거룩', 즉 '카도쉬(קדוש)'라는 단어의 핵심 의미는 '도덕적 완벽함' 이전에, '구별됨(Set Apart)', '분리됨(Separation)', '다름(Differentness)'입니다.

왜 하나님은 우리에게 '거룩'을 요구하실까요? 단순히 우리에게 높은 도덕성을 요구하시기 위함일까요? 아닙니다. 가장 근본적인 이유는, 하나님 자신이 거룩하신(카도쉬 קדוש) 분이기 때문입니다. 하나님께서 **"내가 거룩하니 너희도 거룩하라"**레11:45고 말씀하셨을 때, 그 핵심은 "나는 세상의 그 어떤 피조물이나 우상과도 다르다. 나는 '완전히 구별된 존재(Wholly Other)'다. 그러니 나에게 속한 너희도 세상과 구별되어야 한다."라는 명령입니다. 우리의 거룩은 우리 자신의 의로움에서 나오는 것이 아니라, 거룩하신 하나님께 '소속됨'에서 비롯되는 것입니다. 우리는 1장에서 확인했듯이 '다른 왕'을 섬기기 때문에, 그분의 성품을 반영해야 하는 것이죠.

구약의 수많은 율법들, 예를 들어 **"두 가지 재료를 섞어 짠 옷을 입지 말라"**레19:19거나, 특정한 음식 규정(정결법) 같은 것들은 단순히 위생이나 효율의 문제가 아니었습니다. 그것은 하나님의 백성이 일상 속에서 어떻게 '구

## '카도쉬', 거룩은 구별이다

별된 삶'을 살아야 하는지를 가시적으로 훈련시키는 도구였습니다. 세상의 방식과 '섞이지 않는 법'을 배우는 실습이었던 셈입니다.

**'거룩=구별=능력'**이라는 이 공식이 가장 극적으로 드러나는 성경 속 인물이 바로 '삼손'입니다. 우리는 삼손을 근육질의 '힘센 장사'로 오해하지만, 성경은 그의 힘이 헬스장이나 스테로이드에서 나온다고 말하지 않았습니다. 삼손의 힘은 그가 태어날 때부터 '하나님께 바쳐진 자', 즉 '구별된 자'라는 나실인(Nazirite)의 정체성에서 나왔습니다.<sup>삿13:5</sup> 그의 힘의 근원은 근육이 아니라, 구별됨의 증표인 '머리카락'에 있었던 것입니다.

그런데 삼손이 언제 힘을 잃었습니까? 그가 들릴라(세상의 쾌락과 타협을 상징)와 '섞이기' 시작했을 때입니다. 이방 여인과 어울리고, 하나님의 백성으로서의 정체성을 망각하며 '구별됨'의 경계선을 스스로 허물고 영적으로 잠들어 버렸을 때, 그의 '머리카락(카도쉬 קדוש)'은 잘려나갔고, 그는 모든 영적 권세(힘)를 잃은 채 두 눈이 뽑히고 맷돌이나 돌리는 비참한 노예로 전락하고 맙니다.<sup>삿16장</sup>

이것이 오늘날 우리에게 주는 메시지는 너무나 명확합니다. 성도의 능력은 '도덕적 착함'이나 '경쟁력'에서 나오

### '카도쉬', 거룩은 구별이다

는 것이 아니라, 바로 이 세상과의 '구별됨'에서 나온다는 것입니다. 성도의 능력은 오직 거룩함에서 비롯되며, 세상과 '섞이는' 순간 영적 권세를 잃게 됩니다.

예수님께서도 "소금이 만일 그 맛을 잃으면 무엇으로 짜게 하리요"<sup>마5:13</sup>라고 하셨습니다. 소금이 '짠맛'이라는 고유의 '구별성'을 잃어버리고 흙과 섞여버리면, 아무 쓸모가 없어지는 것과 같습니다. 영적 권세를 잃어버린다는 것은 바로 이런 의미인 것입니다.

그런데 오늘날 마귀의 가장 교묘한 전략은 바로 이 '구별의 경계선'을 허무는 것입니다. "너무 그렇게 유별나게 굴지 마", "다양성을 존중해야지", "세상과 소통하려면 그들의 문화 속으로 들어가야 해", "너무 배타적인 것은 사랑이 아니야"라는 그럴듯한 말로 우리를 유혹합니다.

단순히 "예수 외에도 구원이 있다"는 식의 '종교다원주의'뿐만이 아닙니다. 더 교묘한 '섞임'들이 교회 안에 깊숙이 침투해 있음을 분별해야 하는 것입니다.

- 세속적 성공주의와의 섞임: 교회의 성장이나 개인의 성공을 세상적인 기준(더 큰 건물, 더 많은 숫자, 더 많은 부, 더 높은 명예)으로 평가하고 추구합니다. 하나님의 영광이 아니

### '카도쉬', 거룩은 구별이다

라 '맘몬'(8장 참조)의 논리가 교회를 지배하게 됩니다. '번영 신학'이나 '긍정의 힘' 같은 가르침이 그 대표적인 예입니다.

- 사역적 실용주의(Pragmatism)와의 섞임: "일단 사람이 많이 모이면 좋은 것 아니냐"는 생각에, '어떻게' 모으는지에 대한 기준이 무너집니다. 세상의 마케팅 기법을 무분별하게 도입하고, 예배를 한 편의 '공연'처럼 만들며, '죄'나 '심판', '회개' 같은 거북한 진리 대신 '위로'와 '힐링', '축복'의 메시지만을 선포합니다. 복음의 '짠맛(거룩함과 진리)'을 제거하여 사람들이 먹기 편하게 만드는 것입니다.
- 세상 철학/심리학과의 섞임: 성경이 말하는 '죄'와 '회개', '성령의 능력' 대신, 인간 중심적인 심리학 이론이나 뉴에이지 사상("네 안의 잠재력을 믿어라")을 무분별하게 받아들입니다. 하나님의 말씀이 아닌 세상의 지혜와 인간의 '자아'가 문제 해결의 기준이 되어 버립니다.
- 문화적 섞임: 세상의 유행과 문화를 분별없이 따라갑니다. 성도들의 라이프스타일, 돈 씀씀이, 자녀 교육 방식(6장 참조)까지 세상과 전혀 구별되지 않게 됩니다.

물론 우리는 구원 받은 이후에도 여전히 세상 속에서

### '카도쉬', 거룩은 구별이다

살아야 합니다. 예수님께서도 우리를 세상에서 데려가시기를 기도하신 것이 아니라, **"악에 빠지지 않게 보전하시기를"**요 17:15 기도하셨습니다. '구별'은 '고립'이나 '단절'을 의미하지 않습니다. 세상과 담을 쌓고 우리끼리만 수도원처럼 사는 것이 거룩이 아닙니다. 그것은 오히려 세상에 대한 책임을 회피하는 또 다른 형태의 영지주의입니다.

'카도쉬(קדוש)'의 완벽한 모델을 보여주는 또 다른 인물이 있습니다. 바로 '다니엘'입니다. 다니엘은 삼손과 정반대였습니다. 그는 세상의 중심, 즉 바벨론 제국의 '총리'였습니다. 그는 '세상 속' 깊숙이 들어가 있었습니다. 하지만 그는 결코 '세상에 속하지' 않았습니다. 왕이 내린 '섞임'의 명령(왕의 진미와 포도주) 앞에서 **"뜻을 정하여"**단 1:8 자신을 더럽히지 않았습니다. 심지어 죽음의 위협 앞에서도(사자굴), 예루살렘을 향한 기도의 창문을 닫지 않음으로써 자신의 '구별됨'을 포기하지 않았습니다.단6:10 그 결과가 무엇이었습니까? 삼손은 '섞임'으로 능력을 잃었지만, 다니엘은 '구별됨'으로 초월적인 지혜와 능력을 얻었고, 이방 왕이 하나님을 찬양하게 만들었습니다.

참된 '카도쉬(קדוש)'는 바로 이것입니다. 세상 속에서 함께 부대끼며 살지만 세상에 섞이지 않는 것.요17:16 즉,

## '카도쉬', 거룩은 구별이다

세상의 가치관과 방식에 물들지 않고(Not conformed), 오히려 하나님의 기준으로 세상을 변화시키는(Transformed) 소금과 빛[마5:13-16]의 역할을 감당하는 것입니다. 구별은 세상을 '향한' 사명을 위한 것이지, 세상을 '등진' 도피를 위한 것이 아닌 것입니다.

신약성경은 이 '구별된 정체성'을 다시 한번 확증합니다. **"오직 너희는 택하신 족속이요 왕 같은 제사장들이요 거룩한 나라요 그의 소유가 된 백성이니 이는 너희를 어두운 데서 불러내어 그의 기이한 빛에 들어가게 하신 이의 아름다운 덕을 선포하게 하려 하심이라"**[벧전2:9] 여기서 '택했다(Chosen)', '왕과 같다(Royal)', '거룩하다(Holy)', '그의 소유다(His Own)'와 같은 이 모든 단어가 가리키는 것은 사실 하나입니다. "너희는 세상과 다르다. 너희는 구별되었다!"는 것입니다. 우리는 다른 왕(예수 그리스도), 다른 나라(하나님의 나라)에 속했기 때문에 다를 수밖에 없습니다. 그리고 그 구별의 목적은 '우리의 거룩함'을 자랑하는 것이 아니라, 우리를 구별하신 왕의 덕을 선포(증언)하기 위함입니다.

하나님의 백성은 세상과 달라야 합니다. 단지 일요일마다 교회에 다니고, 이력서의 종교란에 '기독교'라고 적

## '카도쉬', 거룩은 구별이다

는 정도가 아니라 실제의 삶 속에서 '생각하는 방식'이 다르고, '돈을 쓰는 기준'이 다르고, '자녀를 양육하는 목적'이 달라야 합니다. 이것이 '카도쉬(קדוש)', 즉 '거룩'의 삶이며, 이 '구별됨'은 단지 추상적인 개념이 아니라 우리의 삶에서 아주 구체적이고 실제적으로 나타나야 하는 것입니다. 이와 같이 우리의 능력이 바로 이 '구별됨'에 있음을 늘 잊지 마십시오. 이것이 바로 **킹덤 인사이트**인 것입니다.

## '카도쉬', 거룩은 구별이다

**MARCHING ORDERS** *KINGDOM PRACTICE*

1. 당신의 삶에서 '섞여버린' 영역을 찾아 '분리'를 결단하십시오. 일반 크리스천들도 용인하는 세상적 유행, 문화, 언어 습관(비속어, 가십)이라도 '하나님의 기준'에 맞지 않는다면, '카도쉬'의 능력으로 그것을 단호히 끊어내십시오.

2. 세상과의 '소통'이나 '다양성 존중'이라는 미명 하에, 예수 그리스도의 유일성(종교다원주의 반대)이나 성경의 절대 진리(죄에 대한 명확한 선포)를 타협하고 있지는 않은지 점검하고, '구별된 진리'를 선포하는 것을 두려워하지 마십시오.

교회는 병원인가, 훈련소인가?

# 교회는 병원인가, 훈련소인가?

> **디모데후서 2:3** 너는 그리스도 예수의 **좋은 병사**로 나와 함께 고난을 받으라

### 교회는 병원인가, 훈련소인가?

3장에서 우리는 성도의 능력이 세상과의 '구별됨(카도쉬 קדוש)'에 있음을 확인했습니다. '구별'은 우리의 정체성이자 하나님이 일하시는 능력의 근원입니다. 그렇다면 이렇게 '구별된 성도들'의 모임, 즉 '교회'의 본질은 무엇일까요? 교회는 우리의 '구별됨'을 어떻게 유지하고 강화시켜 줄까요?

여러분은 '교회' 하면 어떤 이미지가 먼저 떠오르시나요? 아마도 상처받은 영혼들이 와서 위로를 받고, 삶에 지친 사람들이 안식을 얻으며, 죄인들이 치유받는 곳. 마치 '병원'과 같은 이미지를 떠올리는 분들이 많을 겁니다.

한편으론 맞습니다. 교회는 영적인 병원의 역할을 하기도 합니다. 이 세상과의 싸움에서 상처 입고 넘어진 우리가 서로의 짐을 지고[갈6:2], 그리스도의 사랑으로 회복되는 곳이 바로 교회 '모임'이니까요. 그러므로 아주 틀린 말은 아니죠.

그런데 만약 교회의 정체성이 그렇게 '병원'에서 멈춘다면, 우리는 심각한 문제에 부딪힙니다. 왜일까요? 병원의 목적은 '치료'입니다. 환자가 낫는 것이죠. 하지만 환자가 병이 나았음에도 계속 병원에만 머물러 있으려 한다면 어떻게 될까요? 혹은, 평생 '나는 연약한 환자다', '나

### 교회는 병원인가, 훈련소인가?

는 상처 입은 자다'라는 정체성만 가지고 살아간다면요? 그것은 건강한 군인의 모습이 아닙니다. 성경은 우리를 '영적 유아'에 머무르지 말고 '그리스도의 장성한 분량'까지 자라나라고 명령합니다.<sup>엡4:13</sup>

그런데 이러한 신앙 패러다임, 즉 '교회'를 마치 '병원' 처럼 인식하는 사고방식을 가진 교인들이 많습니다. 이것이 오늘날 한국 교회 안에 만연한 '개인주의적 신앙'과 '소비자적 신앙'의 뿌리인 것입니다. '나의 위로', '나의 은혜', '나의 치유', '나의 만족'이 신앙의 중심이 되는 것입니다. 이런 '환자' 혹은 '고객'의 시각으로 교회와 교인을 바라보면, 모든 것이 '나(사람)'를 중심으로 돌아갑니다. 예를 들어 이런 식이죠.

- "오늘 설교에서 은혜를 못 받았어요." (나의 감정을 만족시키지 못했다는 뜻이죠.)
- "저 교회는 주차장이 편해서 좋아요." (나의 편의가 중요하다는 뜻이죠.)
- "우리 아이 교육 프로그램이 잘 되어 있는 곳으로 옮길까 봐요." (나의 필요를 채워주는 상품을 찾는 것이죠.)

### 교회는 병원인가, 훈련소인가?

그러면 어느새 우리는 '킹덤 빌더(**들어가는 글** 참조)'가 아니라, 내 마음에 드는 '영적 서비스'를 찾아다니는 '영적 소비자(Spiritual Consumer)'가 되어버립니다. 이런 신앙은 '훈련'이나 '책망', '헌신'을 거부합니다. "왜 내 돈 내고, 내가 헌신(?)하며 다니는 교회에서 나를 불편하게 하느냐"는 식입니다. 그래서 '진영' 안에서 영적 전우들과 연합하고 헌신하며 함께 싸우기보다는, '나'에게 필요한 서비스를 제공받는 곳 정도로 교회의 가치를 전락시키죠.

하지만 성경이 말하는 교회의 정체성은 이러한 '병원'이나 '서비스 기관'이 아닙니다. 오히려 교회의 진짜 정체성은 '군사 훈련소'입니다.

우리가 Part.1에서 확인했듯이, 이 땅은 하나님의 나라(Kingdom)와 사탄의 나라가 싸우는 치열한 '영적 전쟁터'입니다. 하나님은 이 전쟁터에서 싸울 '군사'로 우리를 부르셨습니다. 교회는 바로 그 군사들을 훈련시키고 무장시키는 '훈련소'이자 '작전 기지'인 것입니다.

성경은 교회의 리더십(목사, 교사 등)의 역할을 분명히 말씀합니다. 그것은 성도들을 '편안하게' 해주는 것이 아니라, "성도를 온전하게 하여 봉사의 일을 하게 하며 그리스도의 몸을 세우려 하는 것"엡4:12 입니다. 여기서 '온전

### 교회는 병원인가, 훈련소인가?

하게 한다'는 것은 군인을 '전투에 적합하게 무장시킨다(equipping)'는 뜻입니다.

그렇다면 무엇을 훈련하고 무장시켜야 할까요? 바로 '사상 전쟁', '진리 전쟁'에서 승리할 수 있도록 하는 것입니다. 이를 위해 크게 세 가지 차원의 훈련이 이루어집니다. 첫째, '하나님의 말씀(진리)'을 훈련합니다. 단순히 성경 지식을 암기하는 것이 아니라, '하나님을 경외하는 지혜', 즉 킹덤 세계관으로 세상을 분별하는 훈련입니다. 무엇이 진리이고 무엇이 '거짓 복음(이데올로기)'인지 분별하는 실력을 기르는 것입니다. 둘째, '성령의 능력'으로 무장합니다. 이 전쟁은 혈과 육의 싸움이 아니므로[엡6:12], 우리의 힘이 아닌 성령의 능력으로 싸우는 법을 훈련하는 것입니다. 그래서 기도와 말씀, 성령의 은사들을 통해 영적인 힘을 공급받습니다. 셋째, '진영(카할 קהל)'으로써 싸우는 법을 배웁니다. 즉 개인의 영성이나 능력이 아니라 함께 연합하여 승리하는 법을 훈련하는 것입니다. 이를 위해 자아를 포기하고, 남을 더 낫게 여기며[빌2:3] 서로 존경하기를 먼저 하는 법[롬12:10]을 훈련하는 것입니다.

따라서 '병원 교회'와 '훈련소 교회'는 그 목적과 시스템이 완전히 다릅니다.

### 교회는 병원인가, 훈련소인가?

- 병원의 환자는 '보호'와 '돌봄'의 대상이지만, 훈련소의 군인은 '임무'와 '복종'을 배웁니다.
- 환자는 자기 자신에게 집중하지만, 군인은 공동의 '적'과 '승리'에 집중합니다.

'교회'에 대한 이 관점의 차이가 왜 중요할까요?

첫째, 우리는 더 이상 '개인'으로 신앙생활을 하지 않기 때문입니다. 군인은 홀로 싸우지 않습니다. 주일 성수(?)만 하고 교인들과는 동역하거나 희생하거나 얽히지 않으려는 '나 홀로 신앙', 혹은 '온라인 예배'로만 만족하려는 신앙은 이 전쟁터에서 가장 먼저 적(원수)의 표적이 됩니다. 마귀는 '흩어진 양'을 공격하기 때문입니다.

군인은 반드시 '진영(히브리어 '카할 קהל - 부름받은 회중이자 군대 진영)' 안에서 한 성령을 따르며, 같은 마음과 뜻으로 연합하고 동역해야 합니다. 이 진영은 영적 전쟁에서 서로 격려하고[히10:24-25] 서로의 약점을 보완하며, 서로를 위해 기도하고, 함께 전략을 수행해야 합니다. 즉 '카할(קהל)'로 모이는 것은 선택이 아닌 생존의 필수 조건인 것입니다. 이 '교회 진영'은 영적 전쟁에서 서로를 보호하고 강하게 만드는 로마 군대의 '방패 진형(Testudo)'과 같습니

### 교회는 병원인가, 훈련소인가?

다. 개인주의 신앙은 이 진형을 스스로 무너뜨리는 어리석은 행위입니다.

둘째, '예배'의 목적이 분명해집니다. 만약 교회가 병원이라면, 예배는 '나를 기분 좋게 하는 치유 집회'나 '감동적인 위로의 시간'이 되어야 할 겁니다. 참석자인 '나'의 기분과 감동이 예배 성공의 척도가 되죠. 설교도 당연히 '고객 만족'을 위해 심판이나 죄, 책망보다는 위로와 축복, 힐링 메시지에 집중하게 됩니다.

하지만 교회가 훈련소라면, 예배는 '왕이신 사령관(하나님)께 대한 경례'이자 '작전 명령(말씀)을 하달받는 시간'입니다. 이는 **1장**에서 다룬 '왕-신하'의 관계가 가장 분명하게 드러나는 순간입니다.

예배의 주인은 '나의 감정'이 아니라 오직 '하나님'이십니다. 그래서 설교 말씀(작전 명령)이 때로는 내 마음을 불편하게 하고, 나의 죄를 찔러 '아프게' 할 수 있는 것입니다. 사령관의 작전 명령이 "편히 쉬어라"가 아니라 "고지를 점령하라", "네 안의 죄와 싸워라", "세상과 구별되라", "죽기까지 충성하라"일 수 있기 때문입니다.

또한, 예배는 단순히 명령을 받는 수동적인 시간이 아닙니다. '카할(קהל, 진영)'이 함께 모여 찬양과 기도를 통

### 교회는 병원인가, 훈련소인가?

해 왕의 위대하심과 통치를 선포하는 것은, 이 땅을 불법 점거한 어둠의 세력(사탄)을 향한 영적 전쟁의 '승리 선포(Declaration)' 행위입니다. 우리의 예배는 적진 한복판에 꽂는 '왕의 깃발'과 같습니다.

예배의 중심은 화려한 조명이나 감성적인 음악, 혹은 인간적인 재미가 아니라, 흔들리지 않는 '말씀' 그 자체와 '성령의 능력'이 되어야 합니다. 예배는 우리가 잃어버린 충만을 '재충전' 받는 시간이 아닙니다. 오히려 예배는, 진정한 회개로 이미 우리 안에 내주하시는(존재적인 충만) 성령님의 통치에 다시금 순복하고, 그분의 능력이 이미 우리 것임을 확증하며(재무장), 세상이라는 전쟁터로 나갈 '믿음의 반응'을 결단하는 시간입니다.

물론 훈련소에도 의무실이 있습니다. 좀 더 정확히 말하면, 전쟁터의 '야전병원(Field Hospital)'이 있습니다. 전쟁 중에 다친 군인을 치료하는 기능인 것입니다. 하지만 야전병원의 목적은 환자를 '편안하게 요양시키는 것'이 아닙니다. 응급 처치(위로와 치유)뿐만 아니라, 필요하다면 상처를 도려내는 수술(책망과 징계)을 감행하고, 재활 훈련(말씀 교육)을 시키며, 재무장(Re-arming)을 시켜, 다시 전선(Front Line)으로 내보내기 위함인 것입니다.

### 교회는 병원인가, 훈련소인가?

교회는 아픈 성도들을 위로하고 치유합니다. 그러나 그 목적은, 그들을 '만년 환자'나 '영적 소비자'로 만드는 것이 아니라, 그들을 '강한 군사'로 훈련시켜 이 시대의 치열한 영적 전쟁에 담대히 참여하게 하기 위함입니다.

그러므로 우리는 지금 당장 교회에 대한 인식을 성경의 기준으로 뜯어 고쳐야 합니다. 세상의 인본주의 거짓말에 속아 넘어가 교회를 '병원' 혹은 '친절한 서비스 기관' 정도로 변질시킨 원수의 공격을 단호히 물리치고, 다시 하나님 나라 군대 진영의 강인한 정체성을 회복해야 하는 것입니다. 이것이야말로 이 혼돈의 시대를 돌파할 가장 강력하고 시급한 **킹덤 인사이트**입니다.

### 교회는 병원인가, 훈련소인가?

**MARCHING ORDERS** *KINGDOM PRACTICE*

1. '영적 소비자'의 태도를 버리십시오. 이번 주일, "오늘 내가 얼마나 은혜(만족)를 받았는가"를 평가하는 대신, "오늘 내가 받은 '작전 명령'(말씀)은 무엇이며, 세상에서 어떻게 수행할 것인가"를 기록하고 순종하십시오.

2. '나 홀로 신앙'을 멈추고 '진영(카할, קהל)'에 속하십시오. 당신이 속한 교회 모임(소그룹, 예배모임, 선교회 등)에 단순히 '참석'하는 것을 넘어, 그들을 '전우'로 여기고 그들의 영적 전쟁을 위해 중보하며, 당신의 싸움을 나누는 '군사'로서의 책임을 감당하십시오.

# 영적 전쟁은 '리얼'이다

> 고린도후서 10:4-5 우리의 싸우는 무기는 육신에 속한 것이 아니요 **오직 어떤 견고한 진도 무너뜨리는 하나님의 능력이라** 모든 이론을 무너뜨리며... 모든 생각을 사로잡아 그리스도에게 복종하게 하니

### 영적 전쟁은 '리얼'이다

4장에서 교회를 '하나님 나라 군사 훈련소'라고 정의했습니다. 그렇다면 훈련을 마친 군사는 어디로 가야 할까요? 바로 '전쟁터'입니다. 훈련소는 '전쟁'을 전제로 존재하기 때문입니다. 만약 전쟁이 없다면 군대도, 훈련소도 필요 없을 것입니다.

그런데 많은 크리스천이 이 '영적 전쟁'이라는 말을 너무 추상적이거나 비유적인 표현으로만 생각하는 경향이 있습니다. '내 안의 죄와 싸우는 것, 나의 감정을 다스리는 것' 정도로만 축소해서 이해하는 것이죠. 물론 그것도 영적 전쟁의 중요한 일부입니다. 하지만 단지 그것만을 영적 전쟁의 전부로 생각하는 것은, 마치 거대한 전장에서 벌어지는 개인의 백병전(白兵戰)만을 전쟁 전체로 착각하는 것과 같습니다.

성경이 말하는 영적 전쟁은 내면의 도덕적 갈등을 훨씬 뛰어넘는, 실제적인(Actual) 전쟁입니다. 이 세상은 눈에 보이지 않는 '두 개의 나라', 즉 하나님의 나라(Kingdom)와 사탄의 나라가 격렬하게 싸우는 전쟁터입니다. 예수님께서도 사탄을 '이 세상의 임금'[요12:31]이라고 부르시며 이 전쟁의 실체를 인정하셨습니다.

그리고 이 전쟁의 가장 큰 특징은, 총과 칼로 싸우는

## 영적 전쟁은 '리얼'이다

'물리적' 전쟁이 아니라, '생각'과 '사상'으로 싸우는 '이데올로기' 전쟁이라는 점입니다. 그렇다면 왜 사탄은 물리력이 아닌 '생각'을 공격할까요? 인간의 생각(mind)이야말로 하나님께서 당신의 형상대로 지으신 핵심 영역(이성, 의지)이며, 모든 행동과 믿음의 '통제 센터'이기 때문입니다. 생각을 장악하면 그 사람 전체를 지배할 수 있다는 것을 마귀는 너무나 잘 아는 것입니다.

이 전쟁은 인류의 시작, 에덴동산에서부터 시작되었습니다. 마귀의 가장 강력한 무기이자 첫 번째 전략이 무엇이었습니까? 바로 미혹(Deception), 즉 '거짓말'이었습니다.

마귀는 하와에게 "하나님이 정말 그렇게 말씀하셨어?"창3:1라고 물으며 하나님의 '말씀', 즉 진리(Truth) 자체에 대한 의심을 심었습니다. 이것이 핵심입니다. 영적 전쟁은 본질적으로 '진리 전쟁'입니다. 예수님께서 사탄을 가리켜 "그 속에 진리가 없으므로 진리에 서지 못하고 거짓을 말할 때마다 제 것으로 말하나니 이는 그가 거짓말쟁이요 거짓의 아비가 되었음이라"요8:44고 하신 이유입니다.

오늘날 이 '거짓의 아비'는 더욱 교묘한 전략을 사용

### 영적 전쟁은 '리얼'이다

합니다. 하나님의 가장 위대한 작품인 '창조'를 부인하고 '창조 질서'를 파괴하기 위해, 창세기 3장과 똑같은 전략, 즉 '하나님의 말씀을 의심하게 만드는 거짓 사상'들을 퍼뜨립니다.

- "하나님이 정말 '남자와 여자'로만 창조하셨어? 성별은 스펙트럼 아니야?" → 젠더 이데올로기 → 결과: 학교 성교육의 변질, 차별금지법 시도
- "하나님이 정말 '한 남자와 한 여자'의 '가정'만 신성하다고 하셨어? 다양한 가족 형태를 인정해야지!" → 동성결혼, 생활동반자법 → 결과: 건강가정기본법 개정 시도, 전통적 가정 가치 폄하
- "하나님이 정말 '땀 흘려 일하라'고만 하셨어? 국가는 왜 존재하는데? 부의 재분배가 정의 아니야?" → 공산주의/사회주의적 분배 사상 → 결과: 과도한 세금 정책, 기업 활동 위축, 근로 의욕 저하

이러한 좌파 이데올로기, 공산주의적 사상, 젠더 이데올로기 등은 단순히 '다른 생각'이나 '사회 현상'이 아닙니다. 이것들은 그 본질에 있어 하나님의 창조 질서와 권위

## 영적 전쟁은 '리얼'이다

를 정면으로 대적하는 적그리스도(Anti-Christ)적인 사상입니다. 그리고 이 사상들은 단순히 머릿속에만 머무는 것이 아니라, 법률, 교육 과정, 미디어 콘텐츠를 통해 우리의 실제 삶을 구속하고 문화를 바꾸어 놓습니다. 이것이 바로 영적 전쟁의 '실제성'입니다.

이 '사상의 전쟁', '진리 전쟁' 속에서, 우리 군사(성도)에게 가장 필요한 무기는 무엇일까요? 바로 '분별력(Discernment)'입니다. 세상의 말, 유행, 미디어의 선동, 여론이 아니라, 오직 하나님의 말씀(진리)을 기준으로 무엇이 진리고 무엇이 거짓인지 구별해 내는 능력입니다.

그런데 이 분별력은 어떻게 생길까요? 안타깝게도, 많은 성도가 이단이나 사이비는 물론, 이런 세상의 반성경적 사상에 너무나 쉽게 넘어갑니다. 왜 그럴까요? '열정'이 부족해서가 아닙니다. '진리'를 모르기 때문입니다. 즉, '공부'가 부족해서입니다!

전쟁터에 나가는 군인이 자기 무기 사용법(성경)을 모른다면 어떻게 될까요? 적의 전략(이데올로기)과 그 뿌리(역사, 철학)를 전혀 모른다면 어떻게 될까요? 그 결과는 불을 보듯 뻔합니다. 100% 패배합니다!

진리를 아는 것, 그리고 실력(Competence)을 쌓는 것이

## 영적 전쟁은 '리얼'이다

이 영적 전쟁에서 승리하는 데 필수적입니다. 그런데 이 '공부'는 단순히 이단에 넘어가지 않기 위한 '방어적 수단'이 아닙니다. 또한 단순히 성경 구절을 암기하는 것도 아닙니다. 우리는 단지 적의 공격을 막아내는 '방패병'이 아니라, 적의 진지를 파괴하고 빼앗긴 땅을 되찾는 '공격군'으로 부름받았습니다.

성경은 말합니다. **"우리의 싸우는 무기는 육신에 속한 것이 아니요 오직 어떤 견고한 진도 무너뜨리는 하나님의 능력이라 모든 이론을 무너뜨리며 하나님 아는 것을 대적하여 높아진 것을 다 무너뜨리고 모든 생각을 사로잡아 그리스도에게 복종하게 하니"** 고후10:4-5

세상의 '모든 이론'(이데올로기)을 무너뜨리고, 사람들의 '모든 생각'을 사로잡아 왕께로 되돌리는 것. 이것이 '군사'의 임무입니다. 그러므로 우리가 해야 하는 '공부'는, 성경에 기록된 말씀을 부지런히 읽고 배우면서, 이 말씀의 기준으로 지금 세상이 어떻게 돌아가는지(역사, 정치, 문화, 철학 등)를 분별하고, 이에 대한 대안과 해법을 제시할 수 있는 '실력', 즉 '킹덤 세계관 적용 능력'을 쌓는 것입니다. 성령의 조명하심과 통치하심을 구하며 현실에 대한 능독적이며 비판적인 사고 능력을 키우는 것입니다.

### 영적 전쟁은 '리얼'이다

모르면 당합니다. 영적 전쟁터에서 무지는 곧 패배입니다. 오직 진리로 무장하고 실력을 갖춘 자만이 마귀의 교묘한 미혹을 꿰뚫어 보고 대적할 수 있습니다. 그래야만 적에게 **빼앗긴** 각 영역(문화, 교육, 정치 등)을 진리로 탈환하는 '킹덤 빌더'의 사명을 온전히 감당해 낼 것입니다. 말씀의 실력을 키우는 일에 매진하십시오. 이것이 바로 이 시대 성도에게 가장 필요한 **킹덤 인사이트**입니다.

## 영적 전쟁은 '리얼'이다

**MARCHING ORDERS** *KINGDOM PRACTICE*

1. '적(원수)의 전략'을 공부하십시오. 뉴스와 미디어를 무비판적으로 수용하지 말고, 그 이면에 숨겨진 '거짓 이데올로기'(젠더, 사회주의, 인본주의)의 흔적을 찾아내는 '분별' 훈련을 시작하십시오. (예: 이 뉴스는 창세기 3장의 뱀이 말했던 "하나님이 정말...?" 전략과 어떻게 연결되는가?)

2. '실력'을 쌓으십시오. 단순히 성경을 '읽는' 것을 넘어, 고린도후서 10:5 말씀처럼 세상의 '이론'을 무너뜨리기 위해 '공부'하십시오. 이번 주, 사회 이슈 하나(예: 차별금지법)에 대해 성경적 관점에서 논리적으로 반박할 수 있는 근거를 2~3가지 찾아 자신의 주장으로 정리해 보십시오.

왕의 통치는 '명령'과 '순종'이라는
관계와 질서 안에서 이루어집니다.
순종 없는 통치는 폭력일 뿐이며,
왕을 인정하지 않는 순종은 위선일 뿐입니다.
하나님은 전능하시지만, 그분의 뜻을 이 땅에 이루실 때
당신의 형상대로 지음받은 인간의
자발적인 '순종'을 통해 일하기를 기뻐하십니다.

# PART03 전쟁터①

# 가정과 경제
(가정의 회복과 재정 청지기)

그런즉 너희는 먼저
그의 나라와 그의 의를 구하라 그리하면
이 모든 것을 너희에게 더하시리라

**마태복음 6:33**

# 영적 전쟁의 최전선, '가정'

> 신명기 6:7 네 자녀에게 **부지런히 가르치며** 집에 앉았을 때에든지 길을 갈 때에든지 누워 있을 때에든지 일어날 때에든지 이 말씀을 **강론할 것이며**

### 영적 전쟁의 최전선, '가정'

5장에서 우리는 이 땅이 하나님의 진리와 사탄의 거짓말이 격돌하는 치열한 '사상 전쟁터'임을 확인했습니다. 이 말을 들으면, 우리는 흔히 '전쟁터'를 교회 밖의 거대한 영역, 즉 정치 이데올로기나 거대 담론, 혹은 미디어 속의 문화 현상만을 떠올리기 쉽습니다.

하지만, 사탄이 가장 격렬하게 공격하고, 또 가장 집요하게 무너뜨리려 하는 '최전선 교두보(Bridgehead)'는 국회나 방송국이 아니라, 바로 여러분의 거실과 식탁, 즉 '가정'입니다.

왜일까요? 가정은 하나님께서 이 땅에 세우신 창조 질서의 가장 기본이 되는 단위이자, 최초의 기관이기 때문입니다. 마치 건물의 주춧돌과 같습니다. 주춧돌이 흔들리면 기둥이 기울고 지붕이 무너지는 것은 시간 문제입니다.

생각해 보십시오. 하나님은 창조 질서의 가장 기본적인 시스템으로 국가나 교회보다도 먼저 '한 남자와 한 여자'를 통해 '가정'을 세우셨습니다. 그리고 **"생육하고 번성하여 땅에 충만하라, 땅을 정복하라"**[창1:28]는 첫 번째 명령, 즉 '문화 명령(Cultural Mandate)'을 바로 이 '가정'을 통해 주셨습니다.

### 영적 전쟁의 최전선, '가정'

이 명령은 단순히 아이를 많이 낳으라는 뜻이 아닙니다. 또한 집(house) 안에서 가족끼리 오순도순 살아가는 개인적인 행복만을 추구하라는 것도 아닙니다. 이것은 하나님의 통치와 질서(문화), 즉 그분의 샬롬과 공의, 사랑의 원리들을 이 땅에 확장시키라는 '왕의 위임령'입니다.

가정은 이 땅에 '하나님 나라의 문화'를 심고 경작하며 확장해 나가는 '왕의 원정대'이자 '전초기지'였던 셈입니다. 그리고 그 시작점이 바로 '가정'이라는 것입니다. 가정이 건강하게 서야 그 가정에서 파생되는 모든 사회 구조(교회, 학교, 국가)가 하나님의 질서 안에서 바로 설 수 있습니다.

쉽게 말해, 가정은 단순히 함께 먹고 자는 '삶의 자리'를 넘어, 하나님의 통치가 시작되고 계승되는 핵심적인 '영적 포지션'입니다. 가정은 하나님 나라의 '군사(다음 세대-이어지는 세대)'를 생산하고 훈련하는 '병참 기지'이자 '훈련소 본부'입니다. 또한, 부모는 하나님께서 가정에 세우신 권위자(Authority)로서, 자녀를 보호하고 양육하며 하나님의 질서를 가르칠 책임을 위임받았습니다. 즉 부모의 권위는 가정 안에서 자녀들에게 하나님의 권위를 대리하는 것입니다.

### 영적 전쟁의 최전선, '가정'

마귀는 이 사실을 너무나 잘 알고 있습니다. '병참 기지'를 파괴하고 '지휘관(부모)'의 권위를 무력화하면 가장 확실하게 전쟁의 승기를 잡을 수 있다는 것을 아는 것이죠. 그래서 가정의 '기초 재료(창세기 1장)'부터 공격하는 것입니다. 예를 들어, 다음과 같은 내용들입니다.

- "하나님이 정말 '남자와 여자'로만 만드셨어?" → 젠더 이데올로기 (구성원 해체)
- "하나님이 정말 '부모'에게만 자녀 양육의 권위를 주셨어? 아이는 국가가 함께 키워야지!" → 국가주의적 교육, 아동 인권 강조를 통한 부모 권위 약화 (권위 해체)
- "하나님이 정말 '가정'을 통해 말씀을 전수하라고 하셨어? 교회 프로그램에서 신앙 전문가들에게 위탁하는 게 훨씬 효율적이지 않을까?" → 개인주의와 세대 갈등 조장, 신앙교육의 위탁현상 심화 (관계 해체)
- 과도한 사교육 열풍과 세속적 성공주의: 이것은 어쩌면 가장 교묘한 공격입니다. 자녀를 '하나님의 사람(시대적 일꾼)'으로 키우기보다, 이 세상 시스템(맘몬의 통치)에서 살아남을 '성공한 부품'으로 만드는 데 부모의 모든 자원을 쏟게 만듭니다. 부모들은 자녀가 세상의 경쟁에서 뒤처

### 영적 전쟁의 최전선, '가정'

질까 봐 두려워하며, 정작 자녀의 영혼이 하나님의 군대에서 낙오되는 것은 두려워하지 않습니다. 이는 부모 스스로가 '영지주의'와 '맘몬의 가치관'에 사로잡혀 있음을 보여주는 증거입니다.

이렇듯 사탄은 가정의 질서를 파괴하고, 부모와 자녀의 관계(말씀 전수의 통로)를 끊어 놓으려 교묘하고 집요하게 공격하고 있는 것입니다.

이 최전선에서 하나님께서 부모에게 주신 가장 중요한 사명은 무엇일까요? 그것은 자녀를 '좋은 대학(?)'에 보내거나 '성공한 사람(?)'으로 만드는 것이 아닙니다. 물론 그것도 필요할 수 있지만, 결코 본질은 아닌 것입니다.

부모의 가장 중요한 사명은, 자녀들에게 하나님의 복음을 전수하여 그들을 '예수님의 제자'로 삼는 일입니다.

이것은 선택 사항이 아닙니다. 부모의 가장 엄중한 책임이자 명령입니다. 신명기 6장 7절은 **"네 자녀에게 부지런히 가르치며 집에 앉았을 때에든지 길을 갈 때에든지 누워 있을 때에든지 일어날 때에든지 이 말씀을 강론하라"**고 명령합니다. 이것은 특정한 '종교 교육 시간'을 가지라는 의미 정도가 아닌 것입니다.

### 영적 전쟁의 최전선, '가정'

 '제자화'가 무엇입니까? 단순히 주일학교에 잘 보내는 것이 아닙니다. 성경 구절 몇 개 암송시켜서 되는 것도 아닙니다. 그것은 바로 '세계관의 전수'입니다. 하나님의 말씀으로 세상을 바라보는 눈을 열어줘야 하는 것입니다. **"집에 앉았을 때에든지 길을 갈 때에든지"**, 즉 삶의 모든 순간에 일어나는 모든 종류의 선택과 결정에 있어서 '하나님의 기준과 관점'을 심어주는 것이죠. 예를 들어, 다음과 같은 내용들입니다.


- 뉴스를 보면서(정치) : "세상은 저렇게 말하지만, 하나님의 공의는 이것을 원하신단다."
- 돈을 쓰면서(경제) : "우리가 헌금하고 구제하는 이유는, 이 돈의 진짜 주인이 하나님이시기 때문이야."
- 친구 관계에 대해 이야기하면서(사회) : "용서란 단지 감정의 문제가 아니라, 우리가 먼저 용서받았기에 마땅히 실천해야 할 '순종'이란다."


 이렇게 삶의 모든 순간에 대한 '킹덤 세계관'을 구체적으로 가르치는 것입니다. 그리고 이 가르침은 단순히 말(지식)로만 되는 것이 아닙니다. 부모가 먼저 그 말씀대로

## 영적 전쟁의 최전선, '가정'

살아내는 삶의 본(Modeling)을 보여줄 때, 자녀는 그 세계관을 자연스럽게 체득하게 됩니다. 부모가 돈(맘몬)이 아닌 하나님을 왕으로 섬기며 선택하는 모습을 볼 때, 부모가 세상의 성공이 아닌 거룩을 추구하며 구별되는 모습을 볼 때, 자녀는 그 부모의 삶을 통해 하나님 경외하는 법을 배웁니다. 부모의 기도가, 부모의 선택이, 부모의 가치관이 자녀에게 가장 강력한 교과서인 것입니다.

자녀 양육과 신앙 교육의 책임은 이렇듯 일차적으로 주일학교 교사나 다른 사역자에게 있는 것이 아닙니다. 교회(하나님 나라 군사 훈련소)는 부모가 이 사명을 잘 감당하도록 돕는 중요한 지원군이자 동역자입니다. 교회는 부모 자신이 먼저 '킹덤 세계관'으로 무장되도록 훈련시키고, 자녀 교육에 필요한 성경적 원리들을 공급해야 합니다. 하지만 가정에서의 최종 실행 책임은 '위임 불가능한' 부모 고유의 책임입니다. 교회 교육은 가정 교육의 '보조재'이지 '대체재'가 될 수 없습니다.

오늘날 다음 세대가 교회를 떠나고, 반성경적 가치관에 무방비로 노출되는 이유는 다른 데 있지 않습니다. 바로 이 '가정'이라는 최전선에서, 부모 세대가 자녀를 제자화하는 이 영적 전쟁에 실패했기 때문입니다. 부모의 잘

### 영적 전쟁의 최전선, '가정'

못된 신앙관(영지주의, 진화론, 세속주의 등)이 자녀의 삶을 통해 비극적인 열매를 맺고 있는 것이죠.

하나님은 지금도 가정을 통해 일하기 원하십니다. 가정 안에서 부모와 자녀의 관계를 통해 하나님의 말씀이 전수되고, 그 안에서 모든 상황이 다뤄지고 해결되기를 원하시는 것입니다.

2장에서 말한 '만물의 회복'은 거창한 구호가 아닙니다. 영적 전쟁의 승리는, 바로 이 '가정'이라는 주춧돌, 이 '최전선 기지'를 회복하는 것에서부터 시작되어야 합니다. 이처럼 가정에 대한 하나님의 기준을 회복하는 것, 이것이 이 시대에 반드시 필요한 **킹덤 인사이트**인 것입니다.

## 영적 전쟁의 최전선, '가정'

**MARCHING ORDERS** *KINGDOM PRACTICE*

1. 자녀 교육의 '최종 목표'를 '세상에서의 성공'(맘몬의 가치관)에서 '하나님 나라의 군사로 양육'(킹덤 세계관 전수)하는 것으로 재설정하십시오. 이를 위해 '학원 스케줄' 대신 '가정예배'나 '세계관 대화' 시간을 최우선으로 확보하십시오.

2. 자녀 교육의 '최종 목표'를 '세상에서의 성공'(맘몬의 가치관)에서 '하나님 나라의 군사로 양육'(킹덤 세계관 전수)하는 것으로 재설정하십시오. 이를 위해 '학원 스케줄' 대신 '가정예배'나 '세계관 대화' 시간을 최우선으로 확보하십시오.

# 미디어인가, 우상인가?

> **요한일서 2:15** 이 세상이나 **세상에 있는 것들을 사랑하지 말라** 누구든지 세상을 사랑하면 아버지의 사랑이 그 안에 있지 아니하니

## 미디어인가, 우상인가?

6장에서 우리는 자녀를 예수님의 제자로 삼는 것이 부모의 가장 엄중한 사명임을 확인했습니다. 부모는 가정이라는 최전선 기지에서 다음 세대를 하나님 나라의 군사로 길러낼 책임이 있습니다.

그러나 이 막중한 책임을 수행해야 할 가정의 현실은 어떻습니까? 오늘날 많은 가정에서, 부모의 말씀보다 더 강력하게 자녀의 생각과 시간을 지배하는 '점령군'이 있습니다. 부모와의 대화는 끊어버리면서도, 잠자는 시간을 빼고는(어쩌면 그 시간조차도!) 거의 모든 순간 접속되어 있는 대상이 있는 것입니다. 바로 '스마트폰', 즉 '미디어'입니다.

식당에 가보면 아이에게 스마트폰 영상을 틀어주고 부모는 편하게 식사하는 풍경을 너무나 쉽게 봅니다. "이 정도는 괜찮겠지", "시끄럽게 구는 것보다 나으니까"라며 '잠깐의 편의'와 '자녀의 영혼'을 맞바꾸는 것입니다. 그러나 이것은 '약간의 문제'가 아니라, 자녀의 인생에 거대한 '구멍'을 뚫는 심각한 영적 폭력입니다. 미디어 중독은 단순히 '전자기기를 오래 사용한다'는 뜻이 아닙니다. 그것이 없으면 불안하고(결핍 증상), 그것을 통하지 않고는 세상을 보지 못하며(세계관 형성), 그것이 나의 감정과 시간

## 미디어인가, 우상인가?

을 '통제'하게 둔다는(주권 상실) 의미입니다. 이것은 앞서 1장에서 말한 '왕'의 자리를 찬탈하는 행위입니다. 쉽게 말해, 미디어는 도구(Tool)의 자리를 넘어, 하나님의 자리를 차지하는 우상(Idol)이 되어버린 것입니다.

왜 오늘날 이 미디어의 우상은 그토록 강력한 힘을 가지게 되었을까요? 그 이유는, 과거의 어떤 우상(바알, 아세라, 몰렉)보다 접근성이 뛰어나기 때문입니다. 언제 어디서나 손 안에서 만날 수 있습니다. 과거의 우상은 정해진 신전에 가야 만날 수 있었지만, 이 우상은 우리 침실까지, 심지어 화장실까지 따라 들어옵니다. 또한, 개인화된 알고리즘은 내가 무엇을 좋아하고 무엇에 약한지를 나보다 더 잘 파악하여, 끊임없이 맞춤형 '미끼'를 던집니다. 마치 나만을 위해 존재하는 신, 내 마음을 완벽하게 알아주는 신처럼 느껴지게 만드는 것이죠. 우리는 그 우상이 주는 '즉각적인' 만족감과 소속감(네트워크)에 길들여집니다.

우상이 왜 위험합니까? 성경은 "우상들은... 보지도 못하며 듣지도 못하며... 우상들을 만드는 자들과 그것을 의지하는 자들이 다 그와 같으리라"[시115:5-8]고 경고합니다. 즉 우상은 그것을 숭배하는 자를 '닮아가게' 만들기 때문입니다. 그렇다면 '미디어'라는 우상이 쏟아내는

### 미디어인가, 우상인가?

가치관은 무엇입니까? '즉각적인 쾌락', '자극적인 서사', '나 중심적인 인본주의', '반(反)성경적 사상'입니다. 이 우상에게 우리의 시간과 생각, 즉 '예배'를 드리면 드릴수록, 우리는 점점 더 그것을 닮아갈 수밖에 없습니다.

그렇다면 이 우상의 파괴력은 구체적으로 어떻게 나타날까요? 첫째, 미디어는 자녀의 인생을 '통째로' 빼앗아 갑니다. 하나님께서 우리에게 허락하신 가장 귀한 자원인 '24시간의 생명(하루의 삶)'을 쾌락적이고 무의미한 콘텐츠를 소비하는 일에 쏟아붓게 만듭니다. 이를 통해 생각할 시간을 빼앗고, 가족과 대화할 시간을 빼앗고, 당연히 하나님을 바라보는 시간을 빼앗아갑니다. 가장 귀한 '시간(생명)'이라는 자원을 엉뚱한 제단에 갖다 바치는 것입니다.

둘째, 미디어는 자녀의 '뇌'를 실제적으로 '파괴'합니다. 자극적인 쇼츠와 영상은 마치 '디지털 마약'처럼 우리 뇌의 도파민 시스템을 교란시켜 중독에 빠뜨립니다. 더 이상 진득하게 앉아 글(성경)을 읽으며 묵상하고 연구하는 고차원적인 활동을 견디지 못합니다. 깊이 있는 사고 능력 자체가 퇴화하는 것입니다. 뇌의 구조 자체가 하나님의 말씀을 받아들이고 소화할 수 없는 '굳은 밭', '길가 밭'으로 변해버리는 것입니다.

### 미디어인가, 우상인가?

셋째, 미디어는 부모의 '영적 권위'를 무너뜨리고 '관계'를 단절시킵니다. 이것이 가장 심각합니다. 6장에서 말했듯이, 부모의 가장 기본적이며 핵심적인 사명은 자녀를 '제자화'하는 것입니다. 하지만 이미 자녀는 '세상'이라는 스승에게, '알고리즘'이라는 목회자에게 24시간 '메시지'를 듣고 있습니다. 부모가 말씀을 가르치려 해도, 자녀의 머릿속은 이미 세상의 자극적인 소리(가치관, 문화, 유행 등)로 가득 차 있습니다. 말씀이 들어갈 틈이 없는 것입니다. 더 나아가, 미디어는 가족 간의 실제적인 대화와 교감을 빼앗아 갑니다. 각자 자기 방에서 스마트폰만 들여다보는 가정, 식탁에서도 서로 대화 없이 스마트폰만 보는 가정에 어떻게 진정한 관계와 신앙 전수가 이루어질 수 있겠습니까?

넷째, 미디어는 우리의 '영적 감각'을 마비시키고 '분별력'을 흐리게 합니다. 이것이 영적 전쟁의 핵심입니다. 미디어는 단순히 '시간 도둑'이 아니라, 5장에서 말한 '거짓 이데올로기'를 주입하는 '주요 배급망'입니다. 젠더 이데올로기, 물질만능주의, 인본주의, 뉴에이지 사상이 드라마와 영화, 유튜브를 통해 '재미'와 '감동'으로 포장되어 우리에게 스며듭니다. 끊임없는 정보와 자극의 홍수 속에

### 미디어인가, 우상인가?

서, 우리는 하나님의 세미한 음성을 들을 수 있는 내면의 고요함을 잃어버립니다. 무엇이 진리이고 무엇이 거짓인지, 무엇이 중요하고 무엇이 덜 중요한지 판단하는 분별력 자체가 무뎌집니다. 즉 미디어 우상은 우리를 영적으로 '귀먹고 눈멀게' 만드는 것입니다.

이토록 심각한 문제를 깨달았다면, 이제는 '적당한 타협' 대신 '단호한 결단'을 내려야 합니다. 많은 부모가 "하루에 1시간만 해"라는 식의 '시간 제한'으로 어설프게 타협하려 합니다. 그렇게 해서 자녀의 마음도 사고, 거룩한 삶이라는 열매도 동시에 얻을 수 있다고 착각하는 것이죠. 하지만, '우상'은 '적당히' 타협하며 섬기는 대상이 아닙니다. 3장에서 배운 '카도쉬(קדוש, 거룩)'는 무엇이었습니까? 바로 '분리'와 '구별'입니다. 우리는 독(毒)과 '타협'하지 않습니다. 독인 줄 알았다면 그 즉시로 '차단'하고 '제거'합니다.

즉 이에 대한 해결책은 '미디어 차단'을 통한 '미디어 독립(디지털 디톡스)'입니다. 이것은 단순히 유해한 것을 막는 소극적인 행위가 아닙니다. 마치 금식 기도처럼, 세속적인 것과의 연결을 끊고 하나님께 더 집중하기 위한 적극적인 영적 훈련입니다. 그와 동시에, 차단을 통해 생긴 '빈 공

### 미디어인가, 우상인가?

간'과 '남는 시간'을 하나님과의 관계, 가족과의 교제, 독서와 묵상, 창조적인 활동 등 더 가치 있는 것으로 대체하고 채워나가야 합니다. 자녀를 진정으로 사랑한다면, 독을 빼내듯이 단호하게 끊어낼 용기와 결단이 필요합니다. 그렇게 '분리'를 경험한 뒤에야 비로소 미디어를 '다스릴' 수 있는 '절제'도 가능한 것입니다. 삼손이 '섞임(들릴라)'을 통해 능력을 잃었듯이, 우리 자녀들이 미디어와 '섞여' 영적 권세를 잃어버리도록 방치해서는 안 됩니다.

물론, 이때 가장 중요한 전제 조건이 있습니다. 이것을 자녀에게만 강요할 수 없다는 것입니다. 부모가 '먼저' 스스로에게 '미디어 금식'을 선포해야 합니다. 부모가 식탁에서 스마트폰을 내려놓지 않고 있으면서 자녀에게만 강요하는 것은 위선이며, 아무런 효과도 없습니다(마7:5, "외식하는 자여 먼저 네 눈 속에서 들보를 빼어라"). 부모부터 식탁에서, 침실에서 스마트폰의 노예가 아니라 '말씀'의 통치를 받는 본을 보여야 합니다. 부모가 먼저 스마트폰을 내려놓고 자녀와 눈을 맞추고 '대화'하며 '세계관'을 전수할 때, 비로소 가정은 미디어라는 우상을 몰아내고 하나님이 주인 되시는 '최전선 기지'이자 세상의 소음으로부터 보호받는 영적 피난처(Sanctuary)로 회복될 수 있습니다.

## 미디어인가, 우상인가?

**MARCHING ORDERS** *KINGDOM PRACTICE*

1. '적당한 타협'이 아닌 '단호한 차단'을 실행하십시오. "1시간만 하기" 같은 미지근한 절제가 아니라, "식탁과 침실에는 스마트폰 반입 금지"처럼 명확한 '구별'(카도쉬)의 원칙을 세우고, 부모가 '먼저' 본을 보이십시오.

2. '미디어 금식'을 통해 확보된 '빈 시간'을 '하나님 나라의 가치'로 채우십시오. 스마트폰을 보던 시간을 구체적으로 떼어, 자녀와 눈을 맞추고 대화하거나, 함께 책을 읽거나, 창조적인 활동(운동, 악기 등)을 하는 '적극적인 영적 훈련'으로 대체하십시오.

# 돈의 주인을 바꾸라

> **마태복음 6:24** 한 사람이 두 주인을 섬기지 못할 것이니 혹 이를 미워하고 저를 사랑하거나 혹 이를 중히 여기고 저를 경히 여김이라 너희가 **하나님과 재물을 겸하여 섬기지 못하느니라**

### 돈의 주인을 바꾸라

7장에서 우리는 미디어가 어떻게 우리의 시간과 생각을 빼앗는 가시적인 '우상'이 되는지 이야기했습니다. 그것은 우리의 생명(시간) 그 자체를 빼앗아가는 매우 강력한 적입니다. 이제, 어쩌면 미디어보다 훨씬 더 교활하고 강력하게, 우리의 가장 깊은 욕망과 생존 본능을 파고들며 '왕'의 자리를 노리는 또 다른 존재에 대해 이야기해야 합니다. 그것은 바로 '돈(Money)'입니다.

예수님께서는 "**너희가 하나님과 재물을 겸하여 섬기지 못하느니라**"마6:24고 말씀하셨습니다. 이상하지 않습니까? 예수님은 왜 '하나님과 우상', '하나님과 사탄', 혹은 '하나님과 권력'이라고 말씀하지 않으시고, 굳이 '하나님과 재물(맘몬)'을 유일한 대적으로 대등하게 놓으셨을까요?

이는 예수님께서 우리에게 돈의 진실을 가르쳐 주신 것입니다. 돈은 단순한 물질(종이, 금속, 숫자 데이터)이 아닙니다. 그것은 하나님의 자리를 넘보며 우리를 노예로 삼으려는 강력한 영적 실체, 바로 '맘몬(Mammon)'인 것입니다.

맘몬은 단순한 '탐욕' 그 이상입니다. 맘몬은 하나님 외에 유일하게 주권(Lordship)을 요구하는 '가짜 신'입니다. 왜 맘몬이 그토록 강력할까요? 권력이나 명예 같은

## 돈의 주인을 바꾸라

다른 우상들은 부분적이지만, 돈은 '모든 것'을 할 수 있을 것처럼 보이기 때문입니다. 돈으로 권력을 살 수 있고, 명예를 얻을 수 있으며, 쾌락을 누릴 수 있습니다. 하나님께서 우리에게 '구원'과 '안전'과 '공급'을 약속하시듯, 맘몬도 우리에게 "네가 나(돈)를 모으면, 내가 너에게 구원(안정된 노후)과 안전(권력)과 공급(풍요)을 주겠다"고 속삭입니다. 즉 맘몬은 하나님을 대적하는 '대체 구원 시스템'인 것입니다. 맘몬은 우리의 가장 기본적인 생존 욕구와 안정에 대한 갈망을 파고들어, 하나님이 아닌 자신을 의지하게 만듭니다.

돈은 비록 물질이지만, 돈을 통해 역사하는 악한 영(맘몬의 영)이 분명히 존재합니다. 특히 이 맘몬의 영은 두 가지 얼굴로 우리를 노예로 삼습니다. 하나는 '가난의 영(Spirit of Poverty)'이고, 다른 하나는 '탐욕의 영(Spirit of Greed)'입니다.

'가난의 영'에 사로잡힌다는 것은, 단순히 돈이 없는 상태를 말하는 것이 아닙니다. 그것은 내 삶의 모든 선택 기준이 '돈'이 되어버린 영적 상태, 즉 '돈이 없음'에 대한 두려움과 불안에 사로잡힌 마음을 의미합니다. 예를 들어, 다음과 같은 생각들입니다.

### 돈의 주인을 바꾸라

- 돈이 없어서 하나님의 뜻을 따르지 못한다고 생각합니다. ("이게 하나님의 뜻인가?"(킹덤의 기준)를 묻기 전에, "이걸 할 돈이 있는가?"(맘몬의 기준)가 먼저 앞섭니다.)
- 광야의 이스라엘 백성이 만나를 주신 하나님을 믿지 못하고 다음 날까지 음식을 쌓아두려 했던(출 16:19-20) 것처럼, 하나님의 공급하심을 믿지 못하고 늘 전전긍긍합니다. ("하나님 나라를 위해 헌신해야 하는데... 당장 먹고살기 바빠서요.")
- 하나님의 능력보다 통장 잔고나 예산을 더 신뢰합니다. ("그 사역은 예산이 없어서 못 합니다.")

반대로, '탐욕의 영'은 돈이 많은 부자에게도 역사합니다. 이것은 '돈을 잃을까 봐' 두려워하는 영적 상태입니다. 누가복음 12장의 어리석은 부자는 더 많은 곡식을 쌓아둘 곳간을 걱정하며 "내 영혼아, 여러 해 쓸 물건을 많이 쌓아 두었으니 평안히 쉬고 먹고 마시고 즐거워하자"눅 12:19고 말합니다. 그는 자신의 '구원'과 '평안'을 하나님이 아닌 '재물'에서 찾았습니다. 맘몬을 왕으로 섬긴 것입니다. 결국 '가난의 영'이든 '탐욕의 영'이든, 둘 다 '하나님을 신뢰하지 못하는 불신앙'이라는 뿌리에서 나온 맘몬의

### 돈의 주인을 바꾸라

노예 상태입니다. 또한, '빚(Debt)' 역시 이 영들과 밀접하게 연결된 맘몬의 강력한 올무입니다. 성경은 **"빚진 자는 채주(債主)의 종이 되느니라"**잠22:7고 경고합니다. 빚은 우리의 재정적 자유를 빼앗고, 당장의 필요를 해결해 주는 '가짜 공급자' 역할을 하며, 결국 하나님을 섬겨야 할 자원을 맘몬(이자와 원금)에게 바치게 만듭니다.

그렇다면 이 강력한 맘몬의 영을 이기는 길은 무엇일까요? 돈을 아예 없애거나 무시해버리는 것일까요? 결코 아닙니다. 그것은 비현실적인 도피일 뿐입니다. 오히려 그런 태도는 결국 더 강한 올무가 되어 우리를 사로잡는 결과를 초래할 뿐입니다.

해결책은 단 하나입니다. 앞서 1장에서 말했듯이, 바로 '주인을 실제로 바꾸는 것'입니다. 즉, 재정의 영역에 예수 그리스도의 왕 되심을 선포하는 것입니다.

돈의 영역 또한 하나님 나라의 복음이 반드시 들어가야 하는 영역입니다. 내 재정의 주인이 '나'나 '맘몬'이 아니라, 오직 '성령님'이 되셔야 합니다. 이것이 바로 우리가 잘 아는 '청지기(Steward)' 사명의 본질입니다.

청지기는 '주인'이 아니라 '관리자'입니다. 우리는 돈을 버는 능력도, 관리할 재물도 모두 '왕'이신 하나님께로부

## 돈의 주인을 바꾸라

터 위임받았을 뿐입니다. 내 것이 아니라 '주인의 것'이라는 '소유권 인정'이 바로 청지기의 시작입니다.

내 재정의 주인이 성령님이 되실 때, 놀라운 변화가 시작됩니다. 첫째, 우리는 돈에 대한 기준과 지식을 세상(재테크 서적, 경제 뉴스)이 아닌 '성경'에서 배우기 시작합니다. 성경만큼 돈에 대해 많이, 그리고 정확하게 이야기하는 책도 없습니다. 둘째, 돈은 더 이상 나의 불안(가난의 영)이나 나의 안정(탐욕의 영)을 책임지는 '우상'이 아니라, 하나님의 나라(Kingdom)를 확장하고 그분의 뜻을 이루는 강력한 '무기'가 됩니다.

그렇다면 청지기의 삶은 구체적으로 어떻게 나타날까요? 이에 대한 가장 원초적인 신앙고백은 '십일조'를 드리는 것입니다. '십일조'를 드리는 것은 단순히 종교적인 율법적 의무가 아닙니다. 그것은 "모든 소득의 주인이 하나님이심"을 인정하는 가장 직접적인 '신앙고백'이자, 맘몬의 권세에 맞서는 '영적 선포'입니다. 이것은 10분의 1을 드림으로써 나머지 10분의 9도 하나님의 것임을 인정하는 '첫 열매'의 원리입니다.

또한, 가난한 이웃을 향한 구제[신15:10-11]와 하나님 나라 확장을 위한 헌신(나눔)은, 재물이 내 것이 아니라 하나님

## 돈의 주인을 바꾸라

의 것임을 실제로 인정하고 그분의 뜻대로 흘려보내는 청지기의 당연한 책무입니다. 맘몬에 사로잡힌 자는 쌓아두려 하지만, 성령의 인도함을 받는 청지기는 기꺼이 나눕니다.

그렇다면 하나님은 그 무기(재물)를 어떻게 공급하실까요? 바로 '노동(Labor)'을 통해서입니다.

노동은 경제의 가장 기본이자 본질입니다. 하나님은 우리를 하나님의 형상대로 창조하셨는데, 우리 하나님은 '일하시는' 하나님이십니다.<sup>창2:2; 요5:17</sup>. 그러므로 인간이 노동을 한다는 것은, 우리가 그분의 형상대로 지음 받았음을 증명하는 가장 신성한 행위 중 하나이며, 삶의 의미를 찾는 통로입니다. 더 나아가, 노동은 하나님께서 창조하신 세계를 가꾸고 다스리며(창1:28의 문화 명령), 새로운 가치를 창출해나가는 하나님과의 동역(Co-creation)입니다. 2장에서 말한 '만물의 회복'은 바로 이 노동의 현장에서도 일어납니다. 비록 죄로 인해 노동에 '수고'와 '땀'<sup>창3:19</sup>이라는 저주가 더해졌지만, 그리스도 안에서 노동의 본래적인 존엄성과 창조성이 회복되었습니다. 정직하게 땀 흘려 수고함으로 얻은 열매(재산)는 이렇듯 신성한 것입니다.

### 돈의 주인을 바꾸라

하지만 이 시대의 미혹은 어떻습니까? 땀 흘려 수고하는 것을 미련하게 여기고, 쉽게 버는 돈(투기, 요행), 불로소득을 최고로 칩니다. 심지어 노동의 가치를 폄하하고, 개인의 성실한 수고의 열매를 빼앗아 '국가'가 모든 것을 해결해 줄 것처럼 속삭입니다. 이것이 바로 '사회주의적 발상'의 무서움입니다. 이것은 맘몬의 또 다른 속임수이자, Part.4에서 자세히 다룰 '거짓 복음'의 핵심 전략 중 하나입니다. 하나님의 '공급'과 '노동을 통한 축복'을 의지하는 것이 아니라, '국가'라는 거대한 '가짜 신'의 공급(배급)을 의지하게 만드는 것입니다.

성도는 우리의 신실한 공급자이신 하나님께서[빌4:19] 우리의 땀 흘린 수고(노동)를 통해 채우실 것을 믿고, 담대히 선포하며 성실하게 일해야 합니다. 그리고 그 열매를 지혜롭게 관리하며(청지기), 빚의 노예가 되지 않도록 경계해야 합니다.

돈의 영역에서의 승리는 영적 생존의 핵심입니다. 내 지갑의 주인을 맘몬에서 성령님으로 바꾸고, 노동의 신성함과 창조적 가치를 회복하며, 그 재물을 하나님 나라의 무기로 사용하는 '진짜 청지기'로 서야 할 때입니다.

## 돈의 주인을 바꾸라

**MARCHING ORDERS** *KINGDOM PRACTICE*

1. '맘몬의 노예 상태'에서 벗어나십시오. 재정 결정을 할 때 '두려움'(가난의 영)이나 '불안'(탐욕의 영)이 아닌, '하나님의 공급하심'을 신뢰함으로 결정하는 훈련을 하십시오.

2. '십일조'와 '헌금'을 '영적 전쟁 선포'로 드리십시오. 맘몬(우상)이 아닌 하나님(왕)께 나의 '소유권'이 있음을 인정하는 '신앙고백'으로, 그리고 맘몬의 권세를 깨뜨리는 '무기'로 기쁨과 담대함으로 구별하여 드리십시오.

성도는 우리의 신실한 공급자이신 하나님께서

우리의 땀 흘린 수고를 통해 채우실 것을 믿고,

담대히 선포하며 성실하게 일해야 합니다.

그리고 그 열매를 지혜롭게 관리하며,

빚의 노예가 되지 않도록 경계해야 합니다.

# PART04 전쟁터②

## 정치와 사회
(사회 참여와 현실 문제 인식)

너희는 세상의 소금이니
소금이 만일 그 맛을 잃으면 무엇으로 짜게 하리요
후에는 아무 쓸 데 없어 다만 밖에 버려져
사람에게 밟힐 뿐이니라

**마태복음 5:13**

# 크리스천은 본질적으로 '정치인'이다

**고린도후서 5:20** 그러므로 우리가 **그리스도를 대신하여 사신** (Ambassador)**이 되어** 하나님이 우리를 통하여 너희를 권면하시는 것 같이 그리스도를 대신하여 간청하노니 너희는 하나님과 화목하라

## 크리스쳔은 본질적으로 '정치인'이다

Part.3에서 우리는 '가정'과 '경제'라는, 우리 삶과 가장 밀접한 내부의 전쟁터를 다루었습니다. 6장에서 8장에 이르기까지, 이 영역이 단순한 삶의 자리가 아니라 하나님의 통치가 선포되어야 할 영적 포지션이며 맘몬과 같은 강력한 적들과 싸워야 하는 치열한 전쟁터임을 확인했습니다.

하지만 2장에서 말한 '만물의 회복'은 여기에만 머무르지 않습니다. 하나님 나라의 복음은 우리의 사적인 영역뿐 아니라, 우리가 속한 '사회'와 '국가'라는 공적인 영역에도 동일하게 선포되어야 합니다. 하나님의 통치는 어느 한 영역에 제한될 수 없기 때문입니다. 이제 Part.4에서는 이 더 넓은 전쟁터, '정치와 사회'의 문제를 킹덤(하나님의 나라) 세계관으로 분별해 보고자 합니다.

그런데 이렇게 '정치'와 '사회' 영역을 다루려 하면, 많은 분이 강한 거부감부터 보이십니다.

- "목사님, 교회에서 정치 이야기는 좀 안 했으면 좋겠습니다. 정치는 정치인들이 하게 내버려 둡시다."
- "신앙은 신앙이고, 정치는 정치죠. 왜 이 둘을 자꾸 엮으려 하십니까?"

## 크리스천은 본질적으로 '정치인'이다

- "정치는 너무 더럽고 복잡해요. 우리는 그냥 기도나 열심히 하면 안 되나요?"

아마 많은 목회자분이 성도들로부터 이런 말을 한 번쯤 들어보셨을 겁니다. '정치'라는 단어 자체에 강한 거부감을 보이거나, 혹은 어떻게 참여해야 할지 몰라 아예 외면해버리는 분들이 꽤 많습니다.

왜 그럴까요? 첫째, 정치 세계의 부패함과 끊임없는 정쟁(政爭)에 대한 '혐오감' 때문일 수 있습니다. "저렇게 더러운 곳에 굳이 엮이고 싶지 않다"는 것이죠. 둘째, 복잡하게 얽힌 이슈들에 대한 '무지'와 '무관심'입니다. 당장 내 삶도 바쁜데, 어렵고 복잡한 문제까지 신경 쓸 여력이 없다는 것입니다. 셋째, 괜히 자신의 정치적 입장을 밝혔다가 공동체 안에서 겪게 될지 모를 '분쟁'에 대한 '두려움' 때문일 수도 있습니다. 좋은 게 좋은 거라고, 괜히 얼굴 붉히기 싫다는 것입니다.

충분히 이해되는 반응입니다. 깨끗하고, 편하고, 평화롭게 신앙생활 하고 싶은 마음은 누구나 있습니다. 하지만 생각해 보세요. 우리가 이 영역을 외면하는 것이 과연 성경적일까요? 그것이 '왕'의 백성다운 태도일까요?

### 크리스천은 본질적으로 '정치인'이다

심지어 어떤 분들은 '정교분리 원칙'을 이야기합니다. "성경도 '가이사의 것은 가이사에게'라고 하지 않았습니까? 교회는 나라를 위해 기도만 하면 됩니다."

여러분, 이것이야말로 〈들어가는 글〉에서 말한 '영지주의'(Gnosticism)가 '정교분리'라는 그럴듯한 외투를 입고 나타난 모습입니다. '정교분리'의 본래 목적은, 국가(정치 권력)가 교회와 개인의 신앙적 문제(교리, 예배, 직분자 임명 등)에 부당하게 개입하지 못하도록 '보호'하기 위함이지, 성도들이 국가(정치)의 잘못된 방향성(법, 정책, 문화)에 대해 '책임감 없이 침묵'하라는 뜻이 결코 아닙니다. 오히려 성경적 가치관을 가진 성도들이 정치 영역에 들어가 선한 영향력을 끼치는 권리를 보장해야 되는 것입니다.

만약 '정치'가 단순히 '누가 권력을 잡느냐'의 문제를 넘어, '이 사회를 어떤 가치관과 질서로 다스릴 것인가'의 문제라면, 크리스천은 이 문제에서 결코 자유로울 수 없을 것입니다. 그러나 사실이 바로 그렇습니다.

우리가 Part.1에서 확립한 가장 중요한 기준이 무엇이었습니까? "하나님은 왕이시다", "하나님의 나라가 이 땅에 임하는 것이 복음이다"라는 선언입니다. 바로 이 지점에서, 크리스천의 정체성은 본질적으로 '정치적(Political)'

## 크리스천은 본질적으로 '정치인'이다

일 수밖에 없습니다.

물론 이 말이 '특정 정당을 지지해야 한다'는 좁은 의미의 '정치 행위'를 말하는 것이 아닙니다. 원래 '정치적(Political)'이라는 말은 '폴리스(Polis)', 즉 '도시국가'에서 유래했습니다. 한 명의 '시민(Citizen)'으로서 그 공동체의 질서와 방향성에 대해 책임을 진다는 뜻입니다.

성경은 우리의 정체성을 분명히 말합니다. **"우리의 시민권은 하늘에 있는지라"**[빌3:20] **"우리는 그리스도를 대신하여 사신(Ambassador)이 되어"**[고후5:20]

우리는 '하나님 나라'의 시민권자이자, 이 땅에 파견된 '대사(Ambassador)'입니다. 대사가 하는 일이 무엇입니까? 파견된 나라(이 땅)에서 자기 본국(하나님 나라)의 '가치'와 '법'과 '뜻'을 관철시키는 것입니다. "우리 나라에서는 그렇게 하지 않습니다. 그것은 불법입니다. 우리 나라의 입장은 이렇습니다."라고 말하는 것이 대사의 사명입니다. '더럽다', '복잡하다', '두렵다'고 해서 대사가 그 사명을 포기할 수 있습니까?

이 사명은 어디서부터 시작되었을까요? 바로 창세기 1장 28절의 '문화 명령'입니다. "땅을 정복하라, 모든 생물을 다스리라"는 명령은, 단순히 자연을 관리하라는 뜻을

### 크리스천은 본질적으로 '정치인'이다

넘어, 하나님의 통치 원리(샬롬, 공의, 사랑, 질서)를 이 땅의 모든 영역(문화, 사회, 정치 포함)에 구현하라는 '왕의 위임령'이었습니다. 인간의 타락으로 인해 이 사명이 왜곡되었지만, 앞서 2장에서 확인했듯이 예수 그리스도의 구속과 '만물의 회복'이라는 비전 안에서 우리는 이 사명을 다시 회복하게 된 것입니다.

더 나아가, 예수님의 지상 대위임령(The Great Commission) 역시 이와 무관하지 않습니다. "모든 민족을 제자로 삼아… 내가 너희에게 분부한 모든 것을 가르쳐 지키게 하라"마28:19-20 여기서 '모든 민족(ἔθνη, ethne)'은 단순히 개인들의 합이 아니라, 특정한 문화와 시스템(정치 구조 포함)을 가진 '나라들'을 의미합니다. 모든 나라가 하나님의 통치 원리, 즉 그분의 '가르침'을 '지키도록(법과 제도로 구현하도록)' 하는 것, 이것이 교회의 궁극적인 사명 중 하나입니다.

실제로 성경을 보십시오. 위대한 믿음의 사람들은 결코 '정치'를 외면하지 않았습니다. 그들은 이방 국가의 시스템 안에서도 하나님의 백성으로서, 혹은 하나님이 주신 지혜로 그 사회에 선한 영향력을 미쳤습니다. 몇 가지 예를 들어볼까요?

### 크리스쳔은 본질적으로 '정치인'이다

- 요셉은 이집트의 '국무총리'로서 탁월한 경제 정책으로 주변 국가들까지 기근에서 구원했습니다.
- 다니엘은 바벨론과 페르시아 제국의 '총리'로서, 이방 왕들에게 하나님의 살아계심과 통치를 증언하며, 심지어 왕의 정책 결정에도 영향을 미쳤습니다(느부갓네살의 회개 등).
- 에스더는 자신의 '정치적 위치(왕후)'를 사용하여, 민족을 말살하려는 '악한 법령(하만의 계략)'을 폐기시키고 동족을 구원했습니다.
- 침례 요한은 '영적인 메시지'만 전하지 않았습니다. 헤롯 왕의 '잘못된 결혼(공적 윤리)'을 정면으로 비판하며 권력 앞에서 진리를 선포했습니다.

이들이 모두 '정치적인 일'에 쓸데없이 개입한 것입니까? 아닙니다. 그들은 자신이 속한 '폴리스(사회/국가)'에서 '왕'이신 하나님의 공의와 진리가 무너지는 것을 외면하지 않았던 것입니다.

생각해 보십시오. 우리가 6장에서 '가정'의 거룩함을 지켜야 한다고 했습니다. 그런데 만약 '정치' 영역에서 하나님의 창조 질서(남자와 여자)를 부정하는 법(예: 포괄적차별

### 크리스천은 본질적으로 '정치인'이다

금지법, 생활동반자법 등)이 통과된다면, 우리의 가정 교육은 무력화되고 교회는 범법 집단이 될 수도 있습니다. 또 우리가 7장에서 '미디어'로부터 자녀를 지켜야 한다고 했습니다. 그런데 만약 '정치' 영역에서 음란하고 반기독교적인 문화를 조장하는 정책(표현의 자유라는 미명 하에)이 만들어진다면, 우리 자녀들은 그 영향력에서 자유로울 수 없습니다. 또 우리가 8장에서 '노동'의 신성함을 이야기했지만, 만약 '정치' 영역에서 개인의 재산권을 침해하고 땀의 열매를 부당하게 빼앗는 법(사회주의적 정책)이 만들어진다면, 성경적 경제 원리는 설 자리를 잃게 됩니다.

이렇듯 신앙과 정치는 분리되어 있지 않습니다. 모든 것이 연결된 하나의 거대한 '영적 전쟁터'입니다. '정치' 영역을 "더럽고 복잡하다"며 포기하고 외면한다면, 그것은 마귀에게 "이 영역은 당신이 마음대로 다스리십시오"라고 합법적인 통치권을 넘겨주는 것과 같습니다. 이것이 바로 3장에서 말한 세상의 '소금'이 짠맛을 잃고, '빛'이 등경 아래 숨겨지는 것<sup>마5:13-16</sup>입니다. '더럽다'고 피하는 순간, 소금은 그 존재 이유를 상실합니다.

우리가 신앙을 '개인적인 구원'과 '내세'에만 가두는 것은, 현실을 외면하는 '영지주의'적 태도일 뿐입니다. 하나

## 크리스천은 본질적으로 '정치인'이다

님 나라의 시민권자(성도)는 이 땅의 불법과 악한 사상을 외면할 권리가 없습니다. 아니, 결코 외면해서는 안 되는 막중한 책임이 있습니다.

그렇다면 이 '정치적 사명'은 어떻게 감당해야 할까요? 모든 사람이 국회의원이 되거나 정치 운동가가 되어야 한다는 뜻이 아닙니다. 하나님은 각자에게 다른 은사와 역할을 주셨습니다. 이 사명은 다양한 스펙트럼으로 나타납니다. 예를 들어, 다음과 같은 것들입니다.

- 기도 : 나라와 위정자들(대통령, 국회의원, 판사 등)이 하나님의 공의와 지혜로 다스리도록 구체적으로 기도하는 것은 가장 기본적인 정치 참여입니다. 딤전2:1-2
- 분별과 발언 : 하나님의 말씀을 기준으로 사회 이슈를 분별하고, 가정에서, 직장에서, 온라인에서 진리의 목소리를 내는 것입니다. 침묵하지 않는 것입니다.
- 참여 : 투표권을 하나님을 경외하는 마음으로 책임감 있게 행사하고, 지역 사회 문제에 관심을 가지며, 필요하다면 하나님의 창조 질서를 지키기 위한 건강한 시민 운동에 참여하는 것입니다.
- 양육 : 자녀들에게 올바른 '킹덤 세계관'을 가르쳐, 다음

### 크리스천은 본질적으로 '정치인'이다

세대가 이 땅을 하나님의 원리대로 다스릴 일꾼으로 자라게 하는 것입니다.

- **직업** : 각자의 직업 현장(교사, 공무원, 사업가, 예술가, 주부 등)에서 정직과 성실로 일하며 하나님의 공의를 실천하는 것 자체가 세상을 변화시키는 가장 강력한 정치적 행위입니다.

온 만물의 주인이신 그리스도의 통치를 이 사회와 정치 영역 가운데 드러내는 것. 성경적 기준을 가지고 이 나라가 하나님의 공의 위에 바로 서도록 기도하고, 불법과 악한 사상에 대해서는 '소금'처럼 부패를 막고 '빛'처럼 어둠을 밝히며 대적하는 것. 이것이 바로 하나님 나라 시민으로서 감당해야 할 '정치적 사명'인 것입니다.

기억하십시오. 가장 본질적인 의미에서의 '정치', 즉 참된 '다스림'이란 이 땅에 이미 하나님 나라의 통치가 임하였음을 선포하는 것입니다. 이 왕의 승리를 증거하는 것이야말로 우리에게 맡겨진 가장 거룩한 본분입니다. 그러므로 왕의 대사(Ambassador) 된 우리 그리스도인들이야말로, 이 세상 그 누구보다 '진정한 정치인'인 것입니다.

## 크리스천은 본질적으로 '정치인'이다

**MARCHING ORDERS** *KINGDOM PRACTICE*

1. '정치 혐오'라는 영지주의적 태도를 버리고 '대사'(Ambassador)의 책임을 회복하십시오. 이번 주, 당신의 지역구 국회의원이나 시장에게, 하나님의 창조 질서(예: 가정, 생명)에 반하는 법안이나 정책에 대해 '하나님 나라 시민'으로서 반대하는 의견을 정중하지만 단호하게 전달하십시오.

2. '투표'를 '킹덤 세계관'으로 실천하십시오. 후보자의 공약을 '나의 이익'이 아닌 '하나님의 공의와 창조 질서'라는 기준으로 분별하십시오. "누가 덜 나쁜가"가 아니라 "누가 하나님의 기준에 더 가까운가"를 치열하게 고민하고 기도하며 투표하십시오.

# 왜 교회와 성도가 '좌파 이데올로기'를 대적해야 하는가?

**갈라디아서 1:8** 그러나 우리나 혹은 하늘로부터 온 천사라도 우리가 너희에게 전한 복음 외에 **다른 복음**(another gospel)**을 전하면 저주를 받을지어다**

### 왜 교회와 성도가 '좌파 이데올로기'를 대적해야 하는가?

제가 9장에서와 같이 '크리스천의 정치적 사명'과 이 땅의 불법과 악한 사상에 대한 '대적'을 이야기하면, 반드시 이렇게 반문하는 분들을 만나게 됩니다.

"알겠습니다, 목사님. 좋아요. 그런데 왜 유독 '좌파'나 '진보' 사상만 문제 삼으시는 건가요? '우파'나 '보수'는 문제가 없다는 건가요? 제가 보기엔 전혀 그렇지 않던데요?"

정말 중요한 질문이며, 오해 없이 짚고 넘어가야 할 부분입니다. 결론부터 다시 말씀드리자면, 이 땅의 그 어떤 정치 세력이나 인간의 이념도 완벽하게 '하나님의 기준'을 만족시킬 수는 없습니다. 1장에서 말했듯이 유일한 왕은 하나님 한 분뿐이시며, 인간이 만든 모든 시스템은 죄로 인해 불완전합니다. 우파든 보수든 그 안에도 분명 탐욕, 교만, 이기심, 우상숭배(예: 맘몬, 국가주의) 등 성경적으로 비판받아야 할 요소들이 존재합니다.

하지만, 우리가 지금 '좌파 이데올로기(넓게는 공산주의, 사회주의, 그리고 그 현대적 변형들인 문화 막시즘, 포스트모더니즘적 해체주의, 비판 이론 등)'를 특별히 주목하고 대적해야 한다고

### 왜 교회와 성도가 '좌파 이데올로기'를 대적해야 하는가?

말하는 이유는, 이것이 단순히 '정책의 불완전함' 수준을 넘어서는 문제이기 때문입니다. 이것은 "어느 쪽이 경제를 더 잘 살릴 것인가?" 혹은 "어떤 복지 정책이 더 효율적인가?"의 차원을 논하는 것이 아닙니다.

우리는 지금 '세계관의 충돌', 즉 '신앙의 문제'를 이야기하고 있는 것입니다. 좌파 사상, 공산주의, 사회주의는 그 내용 자체가 복음의 대척점에 있는 '거짓 복음(False Gospel)'이기 때문입니다. 이것은 단순한 비유가 아니라,

| 구분 | 성경의복음<br>(진짜복음) | 공산주의/사회주의<br>(가짜 복음) |
|---|---|---|
| 신<br>(God) | 창조주 하나님<br>(절대 주권자) | 물질(유물론), 혹은<br>국가/당/이념(절대 권력) |
| 타락의 원인 | 인간의 '죄'<br>(하나님께 대한 반역) | '사유재산', '계급', '억압적<br>구조'(가정, 종교, 국가) |
| 구원자 | '예수 그리스도'<br>(대속과 부활) | '프롤레타리아 혁명',<br>'계급 투쟁', '이념' |
| 구원의 방법 | 믿음과 순종 | 투쟁과 혁명, 체제 전복 |
| 미래(종말) | 하나님 나라의 완성<br>(새 하늘과 새 땅) | 노동자 지상낙원<br>(유토피아) |
| 핵심 가치 | 하나님 사랑, 이웃 사랑<br>(진리 안에서) | (결과의)평등,<br>해방(인본주의적 정의) |

〈표1〉 성경의 복음과 공산주의/사회주의 이데올로기의 비교

### 왜 교회와 성도가 '좌파 이데올로기'를 대적해야 하는가?

그 구조와 내용 면에서 기독교 복음을 정면으로 모방하고 왜곡하는 가장 정교한 '적그리스도적 종교 시스템'입니다. 한번 그 구조를 비교해 볼까요?<sup>(표1)참조</sup>

차이가 보이시나요? 이것은 단순히 세상을 보는 '다른 관점'이 아닙니다. 이것은 성경의 구원 서사를 정면으로 대체하려는 시도입니다. 하나님 대신 '물질'이나 '국가'를 신으로 섬기고, '죄' 대신 '사회 구조'를 탓하며, '예수님' 대신 '혁명'을 통해 '인간 스스로' 이 땅에 유토피아를 이루겠다는 가장 교만한 인본주의적 종교입니다. 1장에서 말한 '내가 왕이 되겠다'는 아담의 반역이 '집단적 시스템'으로 구현된 것입니다.

따라서 이 사상들은 단순히 '신이 없다'고 말하는 '소극적 무신론'이 아닙니다. 이것은 하나님의 존재와 그분의 창조 질서, 그리고 그분의 통치권을 적극적으로 부정하고 파괴하려는 적극적이고 능동적인 '반(反)신론(Anti-theism)'입니다. 이 사상들이 집권한 곳에서 역사적으로 교회가 가장 먼저, 그리고 가장 잔혹하게 탄압받았던 이유(예: 구소련, 중국, 북한, 쿠바 등)가 바로 여기에 있습니다. 그들에게 교회는 자신들의 '가짜 복음'을 위협하는 '진짜 복음'의 전초기지이기 때문입니다.

### 왜 교회와 성도가 '좌파 이데올로기'를 대적해야 하는가?

그런데 바로 이 지점에서, 수많은 크리스천이 미혹됩니다. 왜냐하면 이 '거짓 복음'이 사용하는 용어들이 너무나 '성경적'으로 들리기 때문입니다. 그들은 '정의', '평등', '인권', '약자 보호', '분배'를 외칩니다. "예수님도 가난한 자의 편이 아니었는가?", "성경도 나누라고 하지 않는가?"라며, 교회가 이 '사회 정의(Social Justice)' 운동에 동참해야 한다고 유혹합니다.

이것이 마귀의 가장 교묘한 전략입니다. 우리는 '성경적 정의(Biblical Justice)'와 '인본주의적 사회 정의(Social Justice)'를 명확히 구별해야 합니다.

- **성경적 정의**는 '하나님의 기준(창조 질서, 말씀)'에 맞추는 '절대적 공의'입니다. 하나님께 마땅히 드려야 할 영광을 드리고, 각 사람에게 주어진 역할과 책임을 다하며, 특히 힘의 논리가 아닌 하나님의 긍휼로 고아와 과부, 나그네(약자)를 '보호'하는 것입니다. 이 정의는 개인의 '자발적인 사랑'과 '청지기적 나눔(8장 참조)'을 통해 실현됩니다.
- **인본주의적 사회 정의**는 '인간의 기준(종종 '시기와 질투', '계급투쟁')'에 맞추는 '상대적 평등', 즉 '결과의 평등'을 지향합니다. 이 정의는 '약자'를 '절대 선'으로 규정하고 '강자(혹은 가

### 왜 교회와 성도가 '좌파 이데올로기'를 대적해야 하는가?

진 자)'를 '절대 악'으로 규정하는 이분법에 기반하며, '국가'라는 강제력을 통해 부를 재분배하고 결과를 평등하게 만들려고 시도합니다. 이는 8장에서 말한 '노동의 신성함'과 '땀의 열매(재산)'를 부정하는 것입니다.

예수님은 가난한 자를 '사랑'하셨지만, 부자의 것을 '빼앗아' 나누어 주라고 하지 않으셨습니다. 삭개오가 회개하고 '자발적으로' 나누었듯이[눅19:8], '사랑'에 기반한 나눔을 원하셨지, '강제'에 기반한 평등을 말씀하지 않으셨습니다. 10장에서 말하는 '거짓 복음'은 이 '자발적 사랑'의 자리에 '강제적 평등'을, '하나님의 긍휼'의 자리에 '인간의 투쟁'을 올려놓은 것입니다.

쉽게 말해, 공산주의와 사회주의는 '가짜 복음'입니다. 하나님의 자리에 '인간(혹은 당, 국가)'을 올려놓고, 구원자의 자리에 '혁명'과 '이념'을 올려놓은, 가장 정교하게 포장된 '적그리스도적 시스템'이자 '우상숭배 체제'입니다.

오늘날 이 '인본주의' 사상이 어떻게 나타나고 있습니까? "하나님이 정하신 기준(창조 질서)은 없다. 모든 기준은 '나(인간)'로부터 나온다." 이것이 '사회주의적 발상(경제 창조 질서의 부정)'이며, 동시에 '젠더 이데올로기(생물학적 창

#### 왜 교회와 성도가 '좌파 이데올로기'를 대적해야 하는가?

조 질서의 부정)'의 뿌리입니다.

경제 영역에서 "내가 노력한 땀의 열매를 국가가 강제로 재분배해야 한다"고 주장하는 것과, 성(性)의 영역에서 "하나님이 정해주신 성별이 아니라 내가 나의 성별을 결정한다"고 주장하는 것은, 그 뿌리가 '창조주를 부인하는 인본주의'라는 점에서 정확히 일치합니다.

'젠더 이데올로기'는 좌파 사상의 단순한 '실수'가 아니라, '모든 전통적 질서(특히 하나님이 정하신 질서)는 억압이므로 해체해야 한다'는 그들의 세계관에서 반드시 나올 수밖에 없는 '논리적 귀결'입니다. 또한, '가정'의 고유한 권위(6장 참조)를 해체하고 자녀 양육까지 국가가 통제하려 하는 것(학생인권조례, 국가주의 교육) 역시 마찬가지입니다. 이것은 단순히 '누구를 더 배려하자'는 인권의 문제가 아닙니다. 창조주 하나님의 권위에 대한 정면 '도전'입니다.

그런데 교회가 이 명백한 영적 전쟁 앞에서, "우리는 사랑을 말해야지…"라며 '인권', '평등', '분배'라는 그들의 용어에 속아 침묵하거나 방관한다면, 그것은 교회가 '훈련소(4장 참조)'로서의 직무를 유기하는 것이며, 적에게 동조하는 것입니다. 이것이야말로 '거짓의 아비(사탄)'의 전략에 넘어가는 것입니다. 2장에서 말했듯이, 세상은 교회

### 왜 교회와 성도가 '좌파 이데올로기'를 대적해야 하는가?

를 '미워하게' 되어 있습니다[요15:18]. 진리를 선포하고 창조 질서를 지키려 할 때 핍박받는 것은 당연한 '제자의 도'입니다. '칭찬받는 교회'가 되기 위해 진리를 타협하는 것은 사명을 버리는 것입니다.

지금 대한민국이 겪는 많은 혼란과 위기는, 바로 이 '거짓 복음'에 교회가 제대로 맞서 싸우지 못한 영적 패배의 결과입니다. 따라서 지금이라도 우리는 이 사상들의 실체를 명확히 알고, 하나님의 창조 질서를 파괴하려는 모든 시도에 대해 '아니오'라고 단호하게 외치며 저항하고 대적해야 합니다. 이것은 단순히 정치적 선택의 문제가 아니라, 우리의 신앙과 진리, 그리고 생명을 지키는 가장 중요한 영적 전쟁입니다.

**왜 교회와 성도가 '좌파 이데올로기'를 대적해야 하는가?**

**MARCHING ORDERS** *KINGDOM PRACTICE*

1. '거짓 복음'의 용어를 분별하십시오. 미디어나 대화 속에서 '사회 정의', '평등', '인권', '약자 보호' 같은 단어가 나올 때, 그것이 '성경적 정의'(절대 공의, 자발적 나눔)인지, '인본주의적 정의'(결과의 평등, 강제적 재분배)인지 의식적으로 분석하는 습관을 들이십시오.

2. 세상으로부터 '칭찬받는 그리스도인'이 되려는 유혹을 거부하십시오. 젠더 이데올로기, 공산주의/사회주의가 왜 '창조 질서'를 파괴하는 '반(反)성경적 이론'인지 명확히 공부하고, 세상의 '미움'을 받더라도 진리를 말하는 것을 두려워하지 마십시오.

# 여호와를 경외하는 것이 '지혜'다

> 잠언 9:10 **여호와를 경외하는 것**이 지혜의 근본이요 거룩하신 자를 아는 것이 명철이니라

### 여호와를 경외하는 것이 '지혜'다

우리는 지금 '세계관 전쟁', 더 구체적으로 말하자면 '사상 전쟁'의 한복판에 서 있습니다. 10장에서 확인했듯이, 하나님의 창조 질서를 무너뜨리려는 '거짓 이념(가짜 복음)'들이 '인권', '평등', '평화'라는 아름다운 이름으로 포장되어 우리를 미혹합니다. 게다가 요즘은 어떻습니까? 미디어를 통해 쏟아지는 수많은 정보 속에서 무엇이 진실이고 무엇이 거짓인지 분별하기가 너무나 어렵습니다. '가짜 뉴스'와 '선동(Propaganda)'이 마치 진실인 양 유통됩니다. 팩트(사실)는 더이상 중요하지 않게 되어 버렸습니다. 오직 '감정'과 '느낌'만 남습니다. "저 사람 불쌍하잖아", "그게 어떻게 사랑이 아니야?"라는 감성적인 구호들이 이성적인 판단을 마비시킵니다.

이것이 바로 '진실 이후의 시대', 즉 '탈진실(Post-truth)' 시대의 민낯입니다. 이것은 단순히 정보가 많은 수준이 아니라, '절대 진리' 자체를 부정하고 해체하려는 '거짓 아비'(5장 참조)의 가장 교묘한 전략입니다. "무엇이 진리냐?"요18:38고 물었던 빌라도의 냉소가 시대를 지배하고 있는 것입니다.

이런 혼란 속에서 우리는 어떻게 '진실'을 꿰뚫어 볼 수 있을까요? 세상은 우리에게 '더 똑똑해져야 한다', '정

## 여호와를 경외하는 것이 '지혜'다

보를 많이 습득해야 한다', '비판적 사고를 해라', '팩트 체크를 잘해야 한다'고 말합니다. 물론 필요한 일입니다. 하지만 팩트(사실)조차도 교묘하게 편집되고 왜곡되는 시대에, 단순히 정보를 많이 아는 것, 즉 '지식(Knowledge)'만으로는 이 전쟁에서 승리할 수 없습니다.

헬라적 사고(〈들어가는 글〉 참조)는 '지식(Gnosis)'을 숭배합니다. 많이 아는 것이 구원(해방)의 길이라고 말하는 것입니다. 하지만 성경(히브리적 사고)은 '지식'을 넘어선 '지혜(חכמה, 호크마)'를 요구합니다.

이 둘의 차이가 무엇일까요? '지식'은 '무엇(What)'을 아느냐의 문제이지만, '지혜'는 그 앎을 가지고 '왜(Why), 어떻게(How)' 살아야 하는지를 아는 '통찰력(Insight)'과 '분별력(Discernment)'입니다. 지식은 '사실과 정보'의 나열이지만, 지혜는 그 사실들을 '하나님의 기준'으로 꿰뚫고 해석하여 '올바른 길'을 찾아내는 관점이자 능력입니다. 지식은 사람을 교만하게 만들 수 있지만[고전8:1], 참된 지혜는 언제나 겸손(하나님을 경외함)에서 시작합니다.

그렇다면 성경이 말하는 '진짜 지혜', 이 사상 전쟁을 이길 수 있는 그 지혜는 무엇일까요? 성경은 명확하게, 그리고 반복해서 선언합니다.

## 여호와를 경외하는 것이 '지혜'다

잠9:10, 시111:10 **"여호와를 경외하는 것이 지혜의 근본이요"**

이것이 핵심입니다. 그렇다면 왜 하필 '여호와를 경외하는 것'이 지혜의 근본일까요? '여호와를 경외한다'는 것은, 그분을 무서워하며 벌벌 떤다는 뜻이 아닙니다. 그것은 이 세상의 그 어떤 가치나 사상, 여론이나 권력, 유행이나 전통, 심지어 나의 이성과 감정보다, 오직 '하나님'과 그분의 '말씀'을 절대적인 기준으로 삼는 태도를 의미합니다.

여기에 답이 있습니다. 우리가 하나님을 '경외'할 때, 즉 그분을 '창조주'로 인정할 때, 우리는 비로소 이 세상의 만물이 '원래 어떻게 디자인되었는지', 그리고 '무엇을 위해 존재하는지' 그 본질을 알게 됩니다. 마치 제품을 가장 잘 아는 사람은 그 제품을 만든 설계자이듯이, 이 세상을 가장 잘 아시는 분은 창조주 하나님이십니다. 그분의 말씀(성경)은 이 세상을 위한 '창조주의 운영 매뉴얼(Operating Manual)'입니다. 이 '설명서'를 기준으로 삼을 때만 우리는 모든 것(가정, 성, 경제, 국가 등)의 '원래 목적'과 '올바른 사용법'을 알 수 있는 것입니다. 하나님의 창조

### 여호와를 경외하는 것이 '지혜'다

질서라는 '설계도'를 아는 것, 이것이 바로 지혜입니다!

반면에 하나님을 경외하지 않는 지식은, 설계도를 무시하고 제멋대로 기계를 조립하려는 어리석음과 같습니다. 당장은 그럴듯하게 작동하는 것처럼 보여도, 결국엔 고장 나고 파괴될 수밖에 없습니다.

쉽게 말해, '지혜'는 내 머리(지식)에서 나오는 것이 아니라 '기준점'을 어디에 두느냐의 문제입니다. 이것은 1장에서 던졌던 **"누가 당신의 왕인가?"**라는 질문과 정확히 같습니다. '여호와를 경외한다'는 것은 "나의 왕은 오직 하나님이십니다"라고 고백하는 '주권(Lordship)'의 문제인 것입니다.

반대로, 세상의 지혜는 어떻습니까? 성경은 **"자기의 지혜를 의지하는 자는 미련한 자"**잠28:26라고 말합니다. 창조주의 설명서를 무시하고 인간 스스로 기준이 되려는 모든 시도(인본주의)는 필연적으로 재앙을 낳습니다.

하나님 없이 스스로 하늘에 닿으려 했던 바벨탑 사건창11장이 그 대표적인 예입니다. 그것은 인류 최초의 거대한 '인본주의 프로젝트'였습니다. **"우리의 이름을 내고 흩어짐을 면하자"**창11:4는 것이 그들의 목적이었습니다. 그렇게 인간의 지혜와 능력(기술)이 최고조에 달했을 때, 그

### 여호와를 경외하는 것이 '지혜'다

결과는 무엇이었습니까? '화합'이 아니라 '혼돈(언어 혼잡)'이었고, '통일'이 아니라 '흩어짐(분열)'이었습니다. 이것이 앞서 10장에서 말한 '사회주의/공산주의'와 같은 인본주의적 유토피아 운동의 필연적인 결말인 것입니다.

다윗 시대에, 당대 최고의 전략가였던 아히도벨의 지혜는 "하나님께 물어 받은 말씀과 같이"삼하16:23 여겨졌습니다. 그는 최고의 '지식'과 '전략'을 갖춘 천재였습니다. 그러나 그의 지혜는 하나님을 경외하는 기준점(거룩, 카도쉬)이 없었기에, 결국 하나님의 기름 부음받은 왕(다윗)을 대적하는 반역에 가담했습니다. 그의 '탁월한' 지혜는 결국 자신과 공동체를 파멸로 이끌었고, 스스로 목숨을 끊는 비극삼하17:23으로 끝났습니다. 이것이 하나님 없는 '세속적 실용주의(Pragmatism)' 지혜의 결말인 것입니다.

현대인들이 세상의 선동과 미혹에 쉽게 넘어가는 이유는, 지식과 정보가 부족해서가 아니라 내 안에 명확한 '기준', 즉 '왕'이 없기 때문입니다. 하지만 여호와를 경외하는 사람, 즉 '하나님의 말씀'과 '창조 질서'라는 절대 변하지 않는 기준점을 가진 사람은 다릅니다.

그는 세상의 화려한 구호(10장의 '사회 정의', '인권', '평등')를 들을 때, 감정적으로 "그럴듯한데?"라고 반응하는 것

### 여호와를 경외하는 것이 '지혜'다

이 아니라, 이성적으로 "이것이 성경의 기준과 일치하는가?" "하나님의 창조 목적에 부합하는가?"를 먼저 묻습니다. 그는 감성적인 '프레임("약자는 선하고 강자는 악하다")'이나 일시적인 '여론'에 속지 않고, 그 이면에 숨어있는 '실체적 진실(Substantial Truth)'과 영적인 실체(마귀의 전략)를 꿰뚫어 보려 합니다. 이것이 바로 10장에서 '성경적 정의'와 '인본주의적 사회 정의'를 구별해 낼 수 있는 힘입니다.

그리고 이 지혜는 단순히 성경 지식을 많이 아는 것만으로 얻어지는 것이 아닙니다. 물론 말씀 공부는 필수적입니다. 하지만 참된 지혜, 즉 배운 말씀을 현실 세계의 삶 속에 '적용하고 실천하는 능력'은 오직 '성령의 조명(Illumination)'을 통해 옵니다. '훈련소(교회)'에서 말씀을 배우고, '전우들(카할 לקהק)'과 함께 기도하며 하나님의 뜻을 구할 때, 성령님께서 우리의 눈을 열어 진리를 깨닫게 하시고<sup>고전2:10-14</sup>, 복잡한 세상 속에서 하나님의 길을 분별할 통찰력을 주십니다. 즉 지혜는 '하나님을 하나님으로 인정할 줄 아는' 진실함 경외심에서 비롯되는 하나님과의 '친밀한 관계' 속에서 얻어지는 것입니다.

이 '말씀의 눈', 즉 하나님의 지혜(하나님의 관점)로 세상

### 여호와를 경외하는 것이 '지혜'다

을 판단하기 시작할 때, 비로소 우리는 '탈진실'이라는 거짓 이념의 홍수 속에서도 길을 잃지 않고 담대하게 진리를 선포하며 싸울 수 있습니다. 이것이야말로 영적 전쟁에서 승리하는 군사의 가장 강력하고 유일한 '전략적 무기'입니다. 우리 모두가 이 마지막 때, 더욱 강력하게 무장하여 능숙하게 전쟁을 치러내는 하나님 나라의 강한 영적 군사가 되어야 할 것입니다.

## 여호와를 경외하는 것이 '지혜'다

**MARCHING ORDERS**  KINGDOM PRACTICE

1. '창조주의 설명서'(성경)를 따르십시오. 중요한 문제에 부딪혔을 때, '인간의 지혜'(전문가, 여론)를 먼저 찾는 대신, '하나님의 설명서'(성경)가 이 문제의 '원래 설계'(창조 목적)에 대해 무엇이라고 말하는지 먼저 찾아보는 것을 최우선 순위로 삼으십시오.

2. '감정'이 아닌 '기준'으로 판단하십시오. '탈진실' 시대의 감성적 구호에 휩쓸리지 말고, 한발 물러서서 "그래서 '실체적 진실'은 무엇인가? '하나님의 기준'은 무엇인가?"를 묻는 훈련을 하십시오. 이를 위해 성령의 조명을 구하는 기도 시간을 의도적으로 가지십시오.

**나가는 글**

나가는 글

우리는 이 책을 통해 가장 기본적인 기독교 세계관의 틀을 형성하는 여정을 함께 걸어왔습니다. 〈들어가는 글〉에서 "왜 우리의 신앙은 무기력하고 세상은 답답한가?"라는 질문을 던지며, 그 원인이 신앙과 삶을 분리하는 '영지주의'적 이분법에 있음을 진단했습니다.

Part.1에서는 그 유일한 해답으로, 이 세상의 '왕'은 오직 '창조주 하나님'[1장] 한 분이시며, 그분의 복음은 '천국행 티켓'을 넘어 '만물의 회복'[2장]을 향한 거대한 '하나님 나라'의 비전임을 확인했습니다.

Part.2에서는 그 나라의 백성인 '우리'의 정체성을 재정의했습니다. 우리는 세상과 '구별된(카도쉬קדוש)' 존재[3장]로서, '병원'이 아닌 '군사 훈련소'[4장]인 교회 '진영(카할קהל)'에 소속되어, '실제적인 이데올로기 전쟁'[5장]에 참전 중인 '군사'임을 깨달았습니다.

## 나가는 글

Part.3과 4에서는 우리가 싸워야 할 구체적인 전쟁터를 직시했습니다. 사탄의 가장 격렬한 공격 지점인 '가정'[6장]과 그 안의 우상 '미디어'[7장], 그리고 우리의 생존과 직결된 '경제'[8장] 영역에서 '맘몬'의 견고한 진을 보았습니다. 나아가 이 전쟁이 '정치와 사회'[9장]라는 공적 영역으로 확장되며, 그 핵심 적군이 바로 '좌파 이데올로기'라는 '거짓 복음'[10장]임을 분별했습니다. 그리고 마지막으로, 이 '탈진실' 시대의 혼란 속에서 우리가 승리할 수 있는 유일한 무기는 인간의 지식이 아닌 '여호와를 경외하는 지혜'[11장], 즉 '하나님의 말씀'이라는 절대 기준점임을 확인했습니다.

이제 이 모든 여정을 마치고, 마지막 질문이 남았습니다. 그리고 이 질문이야말로 이 책을 덮은 후 우리의 삶을 결정할 것입니다.

"그래서, 우리는 이제 무엇을 할 것인가?"

이 모든 것을 단지 '아는 것'에서 그친다면, 우리는 그저 머리만 커진 바리새인, 혹은 여전히 '신앙과 삶이 분리된' 영지주의자로 남아있을 뿐입니다. 1장에서 확인했듯

**나가는 글**

이, 우리의 왕은 우리에게 '지식'이 아니라 '순종'을 요구하십니다. 그렇다면 우리는 무엇을 해야 할까요?

**첫째, 우리는 '회개(Repentance)'해야 합니다.**
이 책을 읽으시면서, 〈들어가는 글〉에서 지적한 '이분법적 신앙', 4장의 '영적 소비자', 7장의 '미디어 우상 숭배자', 8장의 '맘몬의 노예', 9장의 '영지주의적 방관자'의 모습에서 혹시 "이거 내 이야기인데?" 하며 뜨끔하지는 않으셨습니까?

그렇다면 저는 여기서 매우 근본적이고도 심각한 질문을 던져야겠습니다. 만약 이 책에서 지적한 모습들이 나의 실제 삶의 모습임에도 불구하고, 여전히 스스로 '나는 구원받았다'고 확신하고 있다면, 어쩌면 우리는 '무늬만 크리스천'일 수 있다는 사실을 직시해야 합니다. 왜냐하면 진정으로 왕권을 하나님께 내어드린 회개가 일어난 사람이라면, 반드시 '성령의 침례(성령의 통치)'가 임하여 그분의 다스림이 삶으로 나타나게 되어있기 때문입니다. 만약 우리가 이 책에서 다룬 킹덤 세계관에 '지식적'으로는 동의한다고 말하면서도 여전히 삶의 영역에서 왕의 통치(순종)가 나타나지 않는다면, 그것은 아직 진정으로 '왕권'을

## 나가는 글

주님께 드리지 않았다는 강력한 증거일 수 있습니다. 이것은 심각한 문제입니다. 그런 태도로 세상을 살면서 '구원의 확신'이 있다고 스스로를 속일 수는 있지만, 마지막 날에 주님은 "**나는 너를 도무지 모른다!**"[마7:23]라고 하실 것입니다. 그러니 지금 속히 십자가 앞으로 나아가, 나의 왕좌를 스스로 내려놓는 진정한 회개를 해야 합니다. 그때 성령께서 생수의 강으로 임하실 것입니다.

이것이 바로 2장에서 확인했듯이, 예수님께서 '하나님 나라'를 선포하시며[마4:17] 가장 먼저 하신 '첫 번째 명령'이 바로 "**회개하라!**"였습니다. 하나님 나라 백성이 되는 첫걸음은 회개입니다.

여기서 말하는 회개는, 단순히 눈물 흘리며 감정적으로 후회하는 것을 의미하지 않습니다. 성경적인 회개, 히브리어 '슈브(בוש)'는 '가던 길에서 180도 돌이키는 것', '생각의 기준점을 바꾸는 것'입니다. 더 깊이 들어가면, 이것은 1장에서 다룬 '왕께로의 귀환(Return to the King)'입니다. 내가 왕 노릇 하던 자리에서 내려와, 합법적인 통치자이신 창조주 하나님께 나의 '주권(왕권)'을 다시 돌려드리는 것입니다.

그리고 바로 이 진정한 '왕권 이양'의 회개야말로, 우

### 나가는 글

리가 이 사명을 감당할 '성령의 침례(성령께 완전히 잠김)'를 받는 유일한 통로입니다. 이것은 한 번 받고 사라지는 '체험'이 아니라, '성령의 충만함'이라는 영원한 '존재 상태'로 들어가는 것을 의미합니다. 성령님은 우리가 왕권을 내어드린 그 마음에 임하셔서, 그분의 통치를 우리 각 개인의 삶을 통해 나타내시기 시작합니다.

이것은 앞서 11장에서 말한 '여호와를 경외하는 지혜'를 따라 날마다 나의 기준점을 '나'에게서 '하나님'께로 다시 돌려놓는(re-aligning) 지속적인 과정입니다. 즉, 지금까지 '나'와 '세상(과학, 이성, 여론, 감정, 이념 등)'을 기준으로 삼았던 자리에서 돌이켜, '하나님의 말씀'과 '창조 질서'라는 절대 기준으로 되돌아가는 것입니다. 이것은 단순한 후회가 아니라, 삶의 방향과 충성의 대상을 바꾸는 매일의 의지적인 결단입니다.

- 가정에서 부모의 사명을 방치하고 미디어에 자녀를 내주었던 것을 회개하고(Part.3), '자녀 제자화'라는 본래의 포지션으로 돌아가야 합니다.
- 돈의 주인이었던 '맘몬'을 섬기던 자리에서 돌이켜(Part.3), 재정의 주권을 성령님께 내어드리는 '청지기'로

## 나가는 글

돌아가야 합니다.

- 이 땅의 불법과 거짓 이데올로기 앞에서 침묵하고 방관했던 '영지주의적 태도'를 회개하고(Part.4), 이 땅을 향한 '하나님 나라 시민(대사)'의 책임을 다하는 자리로 돌아가야 합니다.

이렇듯 현대 교회에 만연한 영지주의적 거짓 복음에서 벗어나, 성경에 기록된 대로의 '하나님 나라 복음'을 회복하는 것이 너무나 절실하게 필요합니다. 10장에서 잠시 언급했듯이, 지금 우리가 마주한 국가적 위기는 결국 교회의 영적 실패가 드러난 그림자입니다. 성도들이 현실을 직시하고 하나님께로 온전히 돌아설 때(회개할 때), 비로소 이 땅의 회복이 시작될 수 있습니다.

**둘째, 우리는 '사명(Mission)'을 붙잡아야 합니다.**

회개로 '돌이켰다면', 이제는 그 방향대로 '걸어가야' 합니다. 우리는 '병원'에 안주하는 환자가 아니라 '훈련소'를 나서는 군사입니다. 우리의 정체성은 더 이상 '소비자'나 '방관자'가 아닙니다. 우리의 사명은 무엇입니까? 그것은 2장에서 확인했던 '만물의 회복(Restoration of all

## 나가는 글

things)'이라는 거대한 비전, 즉 하나님께서 원래 계획하셨던 그 나라를 다시 세우는 일에 참여하는 것입니다. 이것은 창세기 1장의 '문화 명령'과 마태복음 28장의 '지상대위임령(9장 참조)'으로 우리에게 주어진, 왕의 대리인으로서의 영광스러운 부르심입니다. 우리는 단순히 죄와 싸우는 소극적인 존재가 아니라, 아담의 실패로 인해 사탄에게 빼앗긴 하나님의 영토(문화, 교육, 정치, 경제 등)를 다시 탈환하고 그분의 통치를 확장해야 할 책임을 받았습니다.

이것은 더 이상 추상적인 구호가 아닙니다. 이것은 11장에서 말한 '여호와를 경외하는 지혜'를 전략적 무기 삼아, 10장에서 밝혀낸 '거짓 복음(이데올로기)'의 견고한 진을 파괴하고 그 자리에 진리의 깃발을 꽂는 실제적인 '영적 전쟁'입니다. 이 사명을 감당할 때, 우리는 2장과 10장에서 확인했듯이 세상의 '칭찬'이 아니라 '미움'과 '핍박'을 각오해야 합니다. 그것이 바로 예수님께서 걸어가신 '제자의 도'이기 때문입니다.요15:18

그러나 이 사명은 우리의 '결심'이나 '신념'으로 감당할 수 없습니다. 복음서의 베드로를 보십시오. 그는 예수님을 따르며 기적을 행했고, "주를 위하여 내 목숨을 버리겠다"요13:37고 외쳤습니다. 그는 누구보다 강한 '신념'을

## 나가는 글

가졌습니다. 하지만 그것은 '성령의 능력'이 아닌 '자신의 확신'에 기반한 것이었습니다. 그는 왕권을 온전히 내어드리지 않았기에(예수님의 죽으심을 막아설 만큼), 결정적인 순간에 왕을 부인했습니다.

오늘날에도 마찬가지입니다. 아무리 성경적 가치관을 외치는 '우파'라 할지라도, 진정한 '왕권 이양(회개)' 없이 자신의 신념과 의지로만 싸우는 자는 결국 베드로처럼 실패하거나 율법주의에 빠질 수밖에 없습니다. 이 전쟁은 오직 '회개'를 통해 왕권을 온전히 내어드리고 '성령의 침례'를 받은 자만이, 성령님의 인도하심을 따라 수행할 수 있습니다.

- 여러분의 가정에서부터 (성령의 능력으로) 하나님의 통치를 입으로 소리 내어 선포하십시오. (자녀에게 세계관을 가르치십시오.)
- 여러분의 직장과 경제 활동 속에서 (성령의 능력으로) 맘몬이 아니라 하나님의 정의와 성실함을 드러내십시오. (청지기로 살아가십시오.)
- 여러분이 속한 사회와 정치 영역에서 (성령의 능력으로) 창조 질서를 무너뜨리는 거짓 이념에 맞서 '아니오'라고 말하며

## 나가는 글

진리를 외치십시오. (분별하고 참여하십시오.)
- 여러분의 투표 성향에서부터, 여러분의 소비 습관에서부터, 여러분의 말 한마디에서부터 (성령의 능력으로) 하나님의 통치를 인정하고 드러내십시오.

이 책은 독자 여러분에게 '킹덤(하나님 나라) 세계관'의 입문서가 되기를 바라는 마음으로 썼습니다. 이제 우리는 이 '창조주의 시선'을 가지고 삶의 구체적인 전쟁터로 나아가야 합니다. 지치고 힘들 때도 있을 것입니다. 그러나 기억하십시오. 이 전쟁은 '이미' 예수 그리스도의 부활로 승리가 확정된 싸움이며, 우리는 그분의 군사로 부름받았습니다.

그러나 우리의 임무가 이 땅에 인간의 노력으로 유토피아를 '완성'하는 것은 아닙니다. (10장에서 말한 인본주의적 '가짜 복음'이 바로 그것입니다.) 성경은 마지막 때가 가까울수록 세상이 노아와 롯의 때처럼[눅17장] 악해지고 교회를 핍박할 것임을 분명히 말합니다. 우리의 소망은 '인간의 성공'에 있지 않습니다. 우리의 소망은 '아직' 완성되지 않은 그 나라, 우리가 흘린 모든 땀과 눈물을 닦아주실[계21:4] '새 하늘과 새 땅'이 그리스도의 재림과 함께 이 땅에 임

## 나가는 글

하는 것에 있습니다. 우리의 '썩어질 몸'이 '썩지 아니할 몸'으로 다시 살아나 이 땅에서 영원히 왕 노릇 할 그날의 소망<sup>고전15:58</sup>, 이 '부활의 소망'이야말로 우리의 힘인 것입니다.

결국, 이 책의 제목이기도 한 진정한 『킹덤 인사이트』는 이것입니다. 그것은 단순히 남들보다 더 정확한 성경 지식이나, 더 논리적인 보수 우파적 가치관, 혹은 세상을 향한 옳은 정론(正論)을 갖는 것에서 그치지 않습니다. 물론 그것은 11장에서 말한 '지혜'의 중요한 부분입니다.

그러나 만약 거기에, 우리가 앞서 그토록 강조했던 진정한 '왕권 이양(회개)'을 통해 부어지는 '성령의 충만함'이 빠져 있다면, 그 모든 옳은 소리와 바른 신념조차도 결국 '세상 철학과 헛된 속임수'<sup>골2:8</sup>에 불과할 수 있습니다. 베드로처럼 자신의 신념(의지)으로 왕을 따르려 했던 열심은, 왕을 부인하는 처참한 실패로 끝날 수밖에 없습니다.

진정한 **킹덤 인사이트**는 나의 지식이나 신념으로 싸우는 것이 아닙니다. 그것은 오직 내 안에 살아계신 성령의 능력으로 세상을 분별하고, 왕의 사명을 감당하며, 하나님의 통치를 '실제로' 살아내는 것입니다. 성령의 충만함이 없는 모든 사상은 그저 또 하나의 인본주의일 뿐이라

### 나가는 글

는 사실을 우리는 늘 기억해야 합니다.

　바라기는, 이 책을 덮는 모든 분이 더 이상 혼란스러운 시대의 '방관자'나 '패배자'가 아니라, 무너진 이 땅에 하나님의 문화(Kingdom Culture)를 다시 세우는 '킹덤 빌더(Kingdom Builder)'로, 진정한 회개로 왕권을 내어드리고 성령의 능력으로 무장된 왕의 신실한 군사(Kingdom Army)로 담대히 일어서시기를 주님의 이름으로 축원합니다.

우리의 소망은 '인간의 성공'에 있지 않습니다.

우리의 소망은 '아직' 완성되지 않은 그 나라,

우리가 흘린 모든 땀과 눈물을 닦아주실

'새 하늘과 새 땅'이 그리스도의 재림과 함께

이 땅에 임하는 것에 있습니다.